Le défi des enfants bilingues

Barbara Abdelilah-Bauer

Le défi des enfants bilingues

Grandir et vivre en parlant plusieurs langues

La Découverte
9 *bis*, rue Abel-Hovelacque
75013 Paris

Du même auteur

Guide à l'usage des parents d'enfants bilingues, Éditions La Découverte, Paris, 2012.

Si vous désirez être tenu régulièrement informé de nos parutions, il vous suffit de vous abonner gratuitement à notre lettre d'information bimensuelle par courriel, à partir de notre site **www.editionsladecouverte.fr**, où vous retrouverez l'ensemble de notre catalogue.

ISBN 978-2-7071-8533-4

À Maria et Alfons, Zohra et Mohammed, à l'origine d'une aventure trilingue de plus de trente ans,

À Schéhérazade Anna-Maria, Yasmina Katharina, Amir-Alexander Florian,
pour leurs encouragements et leur patience,

À Mustapha, pour son soutien indéfectible et son conseil avisé,

Merci à Patricia, Marianne, Sophie, Claudia, Élisabeth et tous les autres, bilingues, multilingues, confirmés ou en devenir, pour leurs contributions passionnantes et passionnées sur www.enfantsbilingues.com,

Merci à tous les parents, francophones aux quatre coins du monde, qui, par leurs questions et leurs remarques, m'ont permis d'avancer dans mes réflexions.

Préface

Depuis la dernière édition de cet ouvrage, de nombreuses évolutions sont intervenues. La mondialisation a accéléré la mobilité des personnes, et par là même la diversité linguistique et culturelle à l'intérieur des frontières nationales. Un des effets, et non des moindres, en est l'augmentation du nombre de mariages mixtes et du nombre d'enfants potentiellement bilingues ; cette tendance n'est pas près de s'inverser. Personne ne niera plus aujourd'hui l'importance de la connaissance des langues étrangères. Il n'est alors pas étonnant que de nombreux parents non francophones ou bilingues voient comme une chance le fait de pouvoir offrir à leurs enfants une langue différente de celle du pays où ils vivent. Je constate avec satisfaction que cette tendance commence à se manifester chez ceux dont les langues sont peu valorisées dans la société. Certains sont devenus de vrais militants du bilinguisme. Faute de pouvoir compter sur l'école publique, des groupes de jeux et autres petites écoles se créent pour des langues « rares », comme l'arménien, l'arabe dialectal ou le bulgare.

Ce qui frappe, aussi, est la place de plus en plus importante qu'occupe l'anglais dans les préoccupations familiales. L'apprentissage précoce de cette langue est devenu un objectif pour tous, si bien que certains parents vont jusqu'à négliger leur patrimoine linguistique, dont la transmission et la conservation mériteraient toute leur attention, au profit d'un hypothétique bilinguisme français-anglais.

Un intérêt grandissant pour le contact avec les langues se manifeste chez les professionnels de l'enfance. Ainsi, le nombre de mémoires d'orthophonie traitant du bilinguisme a décuplé ces dernières années, ce qui laisse espérer un traitement plus adapté des enfants bilingues dans les années à venir. Les lignes semblent bouger aussi dans l'enseignement universitaire. J'ai eu le privilège de participer à la mise en place, dans une université parisienne, d'un diplôme universitaire intitulé « Bilinguisme chez l'enfant », destiné aux professionnels de l'enfance, de la santé et de l'enseignement. Le discours institutionnel a lui-même changé, insistant sur la richesse de notre patrimoine linguistique et l'importance de conserver la diversité linguistique du pays[1]. Le rapport de la Commission européenne sur les langues maternelles, produit en 2008 par un groupe d'intellectuels[2], y a certainement contribué. On y incite chaque citoyen européen à apprendre, en plus de sa langue maternelle, une « langue personnelle adoptive », avant de lui adjoindre une langue internationale.

Dans cette ambiance générale, un frémissement se fait sentir dans le monde très fermé de l'Éducation nationale. On y a longtemps défendu l'idée que la seule manière d'apprendre le français, pour des enfants non francophones, était l'immersion dans la langue dominante avec interdiction de parler l'idiome maternel. L'institution commence enfin à entrevoir les failles de cette pratique, qui immerge l'enfant dans la langue dominante sans possibilité de se servir de sa propre langue comme bouée de sauvetage. Ce changement de point de vue se traduit dans

1. DGLFLF, Missions et priorités, http://www.dglflf.culture.gouv.fr/publications/dglflf.pdf
2. Amine MAALOUF, « Un défi salutaire.Comment la multiplicité des langues pourrait consolider l'Europe », Bruxelles, 2008.

une nouvelle loi[3] qui légitime le recours aux langues familiales dans des activités pédagogiques en classe. Révolution ! Là où il y a peu on interdisait aux élèves de prononcer des mots autres que français – au risque de les rendre mutiques – on incite à libérer la parole des petits « allophones » pour le plus grand bien de tous.

Ces dernières années, la recherche a fait des progrès considérables dans le vaste champ du bilinguisme, notamment dans les domaines des neurosciences et de la psycholinguistique. On comprend assez bien aujourd'hui comment fonctionne le cerveau d'un bébé au début de l'acquisition du langage bilingue, ce qui permet d'ébranler quelques certitudes au sujet de la prétendue surcharge du cerveau des enfants. Dans le même ordre d'idées, la recherche sur l'interdépendance entre cognition et émotions et son rôle dans l'acquisition-apprentissage du langage et des langues progresse. Certes, de nombreuses recherches sont encore nécessaires pour comprendre le phénomène du bilinguisme dans toutes ses dimensions, cognitives, affectives et sociales, mais les progrès actuels sont prometteurs.

Tout est donc pour le mieux dans le meilleur des mondes ?

Malgré certains discours officiels, des initiatives pédagogiques innovantes et les avancées dans le domaine des sciences, les représentations courantes du bilinguisme ne semblent pas avoir évolué dans le même sens. Des croyances non fondées scientifiquement déterminent les attitudes et comportements de nombreuses personnes vivant ou travaillant en milieu plurilingue. Ces idées reçues compromettent encore et toujours le développement d'un bilinguisme positif chez de nombreux enfants. Bien qu'étant au XXIe siècle, les mythes du siècle passé sont encore vivaces – que dis-je, de la première moitié du siècle passée, où l'on arrivait à démontrer que le contact précoce avec une seconde langue induisait des troubles de l'intelligence et de la personnalité !

3. Article 39 de la loi pour la refondation de l'école de la République, adoptée en juillet 2013.

Dans les représentations courantes, toutes les langues ne semblent pas destinées à avoir un effet bénéfique pour l'enfant sur le plan cognitif et psychologique. L'idée d'un bilinguisme à l'origine de troubles de toutes sortes n'est pas encore éradiquée. Pour preuve, l'intitulé d'un diplôme universitaire dans lequel j'ai pu enseigner durant plusieurs années : « Troubles de la communication et du langage chez l'enfant ». J'y traitais... du bilinguisme. La majorité des parents immigrés ou issus de l'immigration ignorent encore que les différents idiomes qu'ils utilisent spontanément au quotidien pourraient être un atout considérable qu'il vaut la peine de conserver et d'enrichir. Une certaine frilosité, dans les milieux institutionnels et professionnels, se fait sentir lorsque les langues « de l'immigration » sont évoquées. Récemment, lors d'un colloque à Paris, on s'interrogeait sur la place à donner aux « langues familiales » à l'école, mais on évitait soigneusement, à longueur de journée, l'utilisation des termes de bilinguisme ou de plurilinguisme.

La France est un pays des paradoxes. Elle est, avec la Finlande, le pays européen avec la plus grande diversité linguistique, mais elle est officiellement monolingue. « Le français est la langue de la République » est un article ajouté à la Constitution en 1992. La France a reconnu soixante-quinze « langues de France » comme faisant partie de son patrimoine culturel mais n'a toujours pas ratifié la charte sur les langues minoritaires, pour laquelle un changement de la Constitution s'imposerait.

En matière de bilinguisme, la route est encore longue

De nombreuses langues parlées dans les familles ne sont pas socialement valorisées, leur utilisation constituant, selon certains, une menace de « pollution » pour la langue française, voire une mise en péril de l'identité française. Lors des groupes de discussion que j'anime dans un cadre associatif[4], on me rapporte

4. Association Café Bilingue, fondée en 2006, www.cafebilingue.com

régulièrement les injonctions des professionnels ou d'autres responsables institutionnels à abandonner la langue familiale au profit du français. Les parents parlant des langues « plus prestigieuses » ne sont pas en reste. Désireux de réussir l'éducation bilingue de leurs enfants, ils doivent néanmoins affronter le scepticisme de leur entourage, voire des mises en garde bienveillantes devant les risques de confusion et de retard du langage. Je reçois encore de nombreux témoignages de parents à qui on a reproché de s'attacher à une langue « inutile », qui surchargerait leur enfant et compromettrait sa réussite scolaire. Il n'est pas étonnant alors que certains cèdent aux Cassandre de toute sorte, abandonnant la transmission de leur langue au moindre écueil.

Tant que de telles idées freinent l'éducation bilingue du plus grand nombre, je continuerai mon plaidoyer pour la reconnaissance de tous les bilinguismes, peu importent les langues concernées. En valorisant la transmission précoce des langues du patrimoine familial, local ou régional, on donne aux enfants toutes les chances de réussir leur vie d'adultes dans la société de demain.

Cette nouvelle édition s'imposait donc tout naturellement, car de nouvelles recherches permettent d'étoffer les nombreux arguments en faveur du bilinguisme.

Combattre les idées reçues, ébranler les certitudes et réajuster les attitudes, tel est le défi à relever par tous ceux qui comme moi rêvent d'une société plus tolérante, plurilingue et ouverte à la diversité, mais unie dans l'amour de la langue et de la culture françaises.

Introduction

> « Autant de langues vous parlez, autant de fois vous êtes un être humain. »
>
> (Europe centrale.)

La moitié, au moins, de la population mondiale est bilingue ou plurilingue. Grandir en parlant plus d'une langue est le quotidien de millions de personnes à travers le monde. Dans tous les pays d'Europe, le contact avec d'autres cultures et d'autres langues se généralise, nous faisant prendre conscience que la mondialisation est en marche.

En France, les crèches et les écoles accueillent des centaines de milliers d'enfants dont la langue familiale n'est pas le français. Il s'agit là d'une donnée essentielle de la société moderne qu'on ne peut ni ignorer ni changer. Nous sommes confrontés à un bilinguisme existant, en construction, qu'il est important de reconnaître.

La dernière enquête de l'INSEE a révélé une diversité linguistique considérable en France[1]. Un adulte sur quatre se souvient que l'un de ses parents lui parlait habituellement une autre

1. F. Clanché, « Langues régionales, langues étrangères : de l'héritage à la pratique », *INSEE première*, n° 830, INSEE, 2002.

langue que le français dans son enfance. Près de quatre cents langues ont ainsi été recensées, dont la grande majorité ne regroupe qu'une poignée de locuteurs[2]. Mais la survie de ces langues n'est pas garantie pour les générations suivantes. Selon cette enquête, sur les 26 % d'adultes actuels ayant reçu une langue autre que le français, seulement 9 % la lèguent à leurs propres enfants. Toutes les langues, régionales et étrangères, sont supplantées, d'une génération à l'autre, par le français.

Élever un enfant dans deux langues demande un effort soutenu durant plusieurs années. Que la langue à préserver soit celle d'un des parents, que ce soit la langue familiale, le bilinguisme ne va pas de soi, il est le résultat d'une adhésion de toute la famille au projet. Combattre les idées reçues de la majorité monolingue, trouver les moyens de lutter contre l'érosion de la langue « faible », aider les enfants à se construire une identité à partir de deux langues et de deux cultures, tels sont les défis qui attendent les parents dans une France qui se veut officiellement monolingue.

Si les connaissances en matière d'acquisition des langues ont considérablement progressé ces dernières années, les mentalités n'ont pas beaucoup évolué. Le bilinguisme est un phénomène complexe et la recherche est loin d'avoir sondé tous les mécanismes de la cohabitation de plusieurs langues chez une même personne.

Plus on s'évertue à étudier le bilinguisme, plus on se rend compte qu'il existe autant de manières de vivre son état de bilingualité que d'individus bilingues. Quand on parle de langue, on parle de communication, de dire des choses, de se dire. Pouvoir se dire en deux langues peut être une difficulté dans la mesure où un certain effort est nécessaire pour choisir la langue adaptée à un interlocuteur, un lieu, une situation.

C'est aussi une richesse, car avec la maîtrise de deux langues on repousse inévitablement les frontières, notre monde s'élargit. Pour le formuler avec le pédagogue Rudolf Steiner, « chaque

2. F. Héran, A. Filhon et C. Deprez, « La dynamique des langues en France au fil du XXe siècle », *Population et Sociétés*, n° 376, INED, 2002.

langue dit le monde à sa façon. Chacune édifie des mondes et des anti-mondes à sa manière. Le polyglotte est un homme plus libre».

Cette liberté est parfois vécue par la majorité monolingue comme une déviance: la personne «double» ne serait-elle pas en proie à la schizophrénie, de devoir ainsi gérer deux manières de se dire? De ce fait, n'est-il pas préférable de protéger l'enfant de ce «mélange» dangereux, de lui permettre de s'«enraciner» dans *une* langue, dans *une* culture? Bien des choses, parfois ineptes, ont été écrites sur les bilingues par des personnes qui regardent le phénomène avec des yeux de monolingues.

Ce livre est destiné à tous ceux, parents, enseignants, professionnels de la petite enfance, qui s'intéressent à la cohabitation de plusieurs langues chez une même personne. Il veut montrer la normalité des individus bilingues, pour qui l'utilisation de deux langues dans la vie de tous les jours est aussi naturelle que celle d'une langue unique pour les monolingues. Il ne prétend pas changer les mentalités mais cherche à combattre les idées reçues qui entourent le bilinguisme et à soutenir les parents dans la noble tâche de transmission d'un héritage culturel et linguistique.

De nombreux livres et articles ont été écrits sur le bilinguisme à l'intention d'un public spécialisé, mais peu d'informations s'adressent aux acteurs mêmes de la transmission des langues ni à ceux qui accompagnent les enfants bilingues à la crèche ou à l'école. Parents et éducateurs ont à leur disposition les seuls récits de cas particuliers sans que soit abordée toute la problématique du phénomène bilingue dans la société.

Cet ouvrage vise à combler cette lacune en analysant les différents aspects d'une situation de contact de langues. Il ne cherche pas à donner des recettes ou une «conduite à tenir» devant telle ou telle particularité de l'enfant bilingue. C'est à la lumière d'études récentes et de mes réflexions personnelles de parent plurilingue que chacun devra trouver *sa* réponse aux questions touchant à une situation particulière.

1

Les mécanismes du langage

Comment apprenons-nous à parler ?

Des premiers cris au babil

Avant de nous intéresser au développement du bilinguisme chez l'enfant, tentons d'abord de comprendre les mécanismes de l'acquisition du langage.

Tous les êtres humains sont dotés d'un capital génétique qui leur permet d'acquérir le langage. Mais, pour apprendre à parler, le petit d'homme doit être mis en situation de pouvoir exercer ce don, il doit être mis face à un autre être doté de la parole qui, en lui parlant, va déclencher le processus de l'acquisition du langage. L'anthropologue Edward Sapir a été le premier à souligner les déterminants socioculturels du langage humain. Pour lui, le langage est une fonction « acquise, une fonction culturelle[1] ».

1. Cité par G. L. Wyatt, *La Relation mère-enfant et l'acquisition du langage*, Mardaga, Bruxelles, 1973, p. 26.

Le langage est notre manière, en tant qu'humains, de communiquer des idées, des émotions et des désirs au moyen d'un système de symboles. Loin d'être seulement un moyen d'encoder des significations, il est aussi un des instruments permettant la communication entre individus. On parle à l'autre pour l'informer, pour obtenir des informations, pour l'influencer, pour le convaincre. Pour apprendre à parler, l'enfant ne devra pas seulement extraire des mots d'un flux de sons et reconnaître les règles de grammaire qui régissent l'organisation des mots, il devra aussi savoir utiliser les différentes subtilités de sa langue maternelle dans des situations appropriées. Sans oublier la première condition de l'acquisition du langage : l'enfant doit avoir envie de communiquer avec son entourage.

Avant même de savoir prononcer le premier mot, le bébé s'exprime par des cris. L'émission de cris appelle la mère (ou son substitut) et est destinée à apaiser la faim, à solliciter une présence. La mère répondra aux sollicitations de l'enfant en apportant le geste ou le soin adéquats. C'est dans cette interaction, nommée « accordage affectif » par le psychanalyste D. Stern[2], que se construisent les fondations du langage.

En apprenant à parler, l'enfant va acquérir les actes fondamentaux de la communication, comme demander, nommer, influencer, convaincre. Il va acquérir le *savoir langagier* une fois pour toutes grâce aux interactions avec les personnes de son entourage. En même temps et au fil des mois, il va acquérir des *savoirs linguistiques*, c'est-à-dire la manière d'exprimer les actes de communication dans une langue définie, celle de sa mère, celle de son environnement. Ces savoirs linguistiques sont uniques si l'entourage utilise une seule langue et doubles ou multiples si l'entourage utilise deux ou plusieurs langues : dans ce cas l'enfant va devenir bi- ou plurilingue.

On sait aujourd'hui que le mécanisme d'acquisition de la langue maternelle entre en action bien avant la production du premier mot. La première tâche de l'enfant sera de reconnaître des unités significatives, des mots, dans le flux de sons qui

2. D. N. Stern, *Le Monde interpersonnel du nourrisson*, PUF, Paris, 1989.

l'entoure. Pour explorer les capacités perceptives des bébés, la recherche utilise depuis une trentaine d'années une méthode ingénieuse ; en exploitant le besoin de succion important des bébés, on a élaboré la méthode de « succion non nutritive » : le bébé reçoit une tétine reliée à des instruments de mesure, on lui fait écouter différents sons et on mesure l'intensité de succion à chaque changement de son. C'est ainsi qu'une équipe française a pu montrer que des bébés de quelques jours ont une perception très fine, puisqu'ils sont capables d'entendre la différence entre les phonèmes « p » et « b », « t » et « d », ou « g » et « k ».

Un phonème est la plus petite unité de sons audibles qui permet de distinguer un mot d'un autre. C'est le changement de phonème, comme pour /**d**/ans et /**t**/ant, ou /**b**/anc et /**p**/aon, que les nouveau-nés ont su distinguer dans l'étude citée.

Les bébés sont aussi très sensibles à la prosodie[3] de la parole. C'est grâce à la mélodie de la langue que les nouveau-nés reconnaissent la voix de leur mère parmi d'autres voix féminines et des mots de leur langue maternelle parmi des mots d'une langue étrangère phonologiquement éloignée du français, comme le russe ou le japonais.

Au cours des premiers mois, les enfants sont capables de reconnaître même les sons qui ne sont pas présents dans leur langue maternelle. On a pu montrer, par exemple, que les bébés anglophones savent distinguer certaines différences phonétiques du hindi (langue parlée en Inde), alors que les adultes anglophones en sont incapables. La capacité de différencier les sons de langues qui ne sont pas présentes dans l'environnement se perd progressivement. Vers 10-12 mois a lieu une réorganisation des capacités perceptives qui se concentreront exclusivement sur les sons de la langue maternelle.

Les cris puis les vocalises qu'émettent les bébés depuis la naissance s'enrichissent au fil des semaines pour aboutir, vers 6 mois, à l'apparition du babil. Il s'agit de séries de consonnes et voyelles (« babama », « mamama », etc.) qui représentent, dans

3. La prosodie est l'ensemble des phénomènes d'accentuation et l'intonation propre à une langue (par exemple dans l'interrogation).

la phase initiale, les sons de toutes les langues naturelles existantes. Mais très vite apparaissent des différences dans le babil, et celui-ci va ressembler de plus en plus à la langue environnante. Vers 7 mois, le babil des bébés chinois ressemble fortement au chinois parlé, alors que celui des bébés américains et russes est constitué de suites de consonnes-voyelles sur une corde plutôt monotone et ressemble ainsi à l'américain et au russe.

Une équipe française[4] a enregistré le babil de bébés de 8-10 mois de différents groupes linguistiques, français, anglais, algérien et cantonnais. On a fait écouter ces enregistrements à des adultes issus de ces mêmes groupes. Les adultes français ont identifié le babillage des bébés français parmi le babil de bébés étant exposés à d'autres langues.

Dans le même temps – production d'un babil proche de la langue de l'environnement –, les capacités perceptives de l'enfant se spécialisent pour ne reconnaître que les sons appartenant à la langue de l'environnement. L'oreille fonctionne alors comme un filtre qui ne laisse passer que les sons identiques ou analogues à ceux existant dans la langue maternelle. Ainsi, la prétendue perte des capacités perceptives du bébé est en réalité une spécialisation en vue d'une meilleure exploitation des capacités utiles pour le développement ultérieur de la langue maternelle.

On aurait tendance à croire qu'avec la perte de capacités plus étendues la possibilité d'apprendre d'autres langues « étrangères » sera réduite à néant – certains défenseurs des apprentissages précoces se sont d'ailleurs largement appuyés sur cet argument.

On sait aujourd'hui que cette diminution des capacités perceptives des sons n'est pas irréversible. Avec un entraînement et une pratique intensifs, des adultes peuvent récupérer la capacité de distinction qu'ils auraient « perdue » pendant les premiers mois de vie. L'espoir est donc permis, non seulement pour le lecteur français, qui avoue volontiers son manque de don pour les langues, mais aussi pour le locuteur japonais dont nous connaissons l'incapacité à différencier les phonèmes /l/ et /r/.

---

4. D. Boysson-Bardies *et al.*, « Discernable differences in the babbling of infants according to target language », *Journal of Child Language*, 11, 1984, p. 1-15.

Le premier lexique

Il est bien établi que la compréhension précède de plusieurs mois la production. On sait que les enfants donnent des signes de compréhension vers 8-10 mois, c'est-à-dire quatre à cinq mois avant la production du premier mot. Ce décalage entre compréhension et production se maintient assez longtemps. Une étude a fait apparaître que des enfants américains de 16 mois sont capables de comprendre trois fois plus de mots qu'ils ne savent en prononcer. Les linguistes expliquent ce décalage par le fait que différentes capacités sont sollicitées. La compréhension et la production seraient deux processus impliquant des mécanismes cognitifs distincts. La compréhension lexicale relèverait d'une activité cérébrale plus globale impliquant les deux hémisphères cérébraux, alors que la production lexicale impliquerait strictement l'hémisphère gauche, celui du langage[5].

Entre 11 et 13 mois en moyenne, les enfants prononcent le premier mot reconnaissable, tout en continuant à babiller pendant encore quelques mois.

Le développement du vocabulaire est assez lent au début; jusqu'à 18 mois les enfants acquièrent environ deux mots par semaine. Il faut en général quatre à cinq mois supplémentaires (entre 18 et 24 mois) pour qu'ils atteignent un répertoire de cinquante mots – le premier lexique. Il s'agit bien entendu de mots que la mère ou le père peuvent reconnaître en tant que tels, comme «ba» pour balle, «pin» pour lapin, ou «da» pour ça.

À partir de ce moment-là, le vocabulaire s'élargit très rapidement, et cette «explosion lexicale» se produit chez la grande majorité des enfants. Vers 2 ans apparaissent aussi les premières associations de deux mots, ce qui marque le début de l'acquisition de la grammaire. En ce qui concerne le nombre de mots produits, les variations individuelles sont très importantes. Certains enfants de 24 mois ne prononcent qu'une centaine de mots, alors que d'autres en connaissent déjà cinq cents, mais

5. D. Bassano, «La constitution du lexique: le "développement lexical précoce"», dans M. Kail et M. Fayol, *L'Acquisition du langage: le langage en émergence, de la naissance à trois ans*, PUF, Paris, 2000, p. 140.

ni les uns et ni les autres ne dépassent les limites de ce que l'on considère être un développement langagier normal.

L'augmentation dans la production de mots a été interprétée comme le résultat d'une maturation du cerveau et de l'amélioration du système perceptivo-articulatoire. Selon la neuropsychiatre Paule Aimard, elle est aussi le résultat de la curiosité de l'enfant de connaître le monde qui l'entoure[6].

Une autre explication est que l'enfant comprend soudainement que chaque objet peut être nommé : il découvre par là une particularité du langage lui-même, le lien existant entre la forme sonore (le mot) et le référent (ce à quoi se réfère le mot). Le langage sert donc à nommer ce qui fait partie de notre réalité (et ce qui n'en fait pas partie). La représentation mentale d'un objet est stockée dans le cerveau.

Les nombreuses études, américaines pour la plupart, sur le premier vocabulaire des enfants ont permis d'établir des étapes de développement (des *« milestones »*) que devraient franchir tous les enfants de même âge et qui permettent d'évaluer le développement langagier des enfants et de déceler d'éventuels dysfonctionnements. Lors d'une évaluation du langage de l'enfant, on demande en général à la mère de cocher sur une liste de mots préétablis ceux prononcés par son enfant. Les premières échelles ayant été américaines, les mots répertoriés sur les listes étaient principalement des noms d'objets (*car, bottle, ball, etc.*) puisqu'on avait remarqué que les noms d'objets étaient privilégiés par les enfants américains en début d'acquisition.

Ces dernières années, le nombre d'études sur l'acquisition du langage en dehors du continent américain a considérablement augmenté, impliquant d'autres langues que l'anglais. Ceci a permis de comprendre que la nature des premiers mots dépend de la langue que l'enfant est en train d'acquérir. Ainsi, le premier lexique des enfants français contient davantage de verbes (comme « donne », « tiens », « regarde ») que celui des enfants américains. Dans d'autres langues, comme le chinois ou le coréen, les différences sont encore plus importantes et pourraient découler de la

6. P. Aimard, *L'Enfant et son langage*, SIMEP, Villeurbanne, 1982.

structure inhérente à ces langues et des pratiques langagières des communautés linguistiques[7].

Le développement de la grammaire

Avec l'apparition, vers 2 ans, de phrases à deux mots, débute le stade syntaxique où l'enfant va acquérir la syntaxe, c'est-à-dire les règles par lesquelles on combine les mots en phrases. D'un style télégraphique l'enfant va évoluer rapidement vers la construction de phrases complexes.

On a longtemps pensé que l'enfant apprenait sa langue maternelle par imitation, qu'il essayait de reproduire ce que l'adulte dit. Pourtant, comme l'affirment certains linguistes, les enfants n'entendent que peu de phrases correctement formulées. Le langage parlé, d'une manière générale, est constitué de répétitions, d'interruptions, de phrases incomplètes. Malgré cela les enfants apprennent correctement la grammaire de leur langue maternelle. Ils doivent donc être capables d'extraire des règles de la langue à laquelle ils sont exposés par l'analyse de la régularité des structures qu'ils entendent, de créer de nouvelles phrases et de comprendre des phrases qu'ils n'ont jamais entendues auparavant. Les « erreurs » que font tous les enfants à ce stade sont une démonstration de leur créativité linguistique. Il ne s'agit d'ailleurs pas d'erreurs à proprement parler, mais de formes grammaticales créées par l'enfant. Il construit pour ainsi dire sa propre grammaire qu'il adaptera au fur et à mesure à celle des adultes. Chaque étape du développement langagier est caractérisée par des erreurs spécifiques, régulières et identiques chez tous les enfants.

Ainsi, la surgénéralisation d'une règle, comme celle du participe passé, est fréquente à ce moment de l'apprentissage ; un enfant dira « il a buvé » (au lieu de « il a bu ») selon le modèle de « il a mangé » : il applique ainsi la règle générale du participe passé à tous les verbes utilisés.

---

7. D. Bassano, « La constitution du lexique : le "développement lexical précoce" », dans M. Kail et M. Fayol, *op. cit.*

Ces observations ont amené le linguiste Noam Chomsky à affirmer que les êtres humains naissent avec un dispositif inscrit dans leur cerveau, une structure neuronale appelée *Language Acquisition Device* (LAD), une « grammaire universelle » en quelque sorte[8]. Malgré les critiques adressées à Chomsky qui considère le langage exclusivement comme un système grammatical, et malgré le fait que cette structure neuronale – le LAD – n'ait jamais (ou pas encore ?) été trouvée dans le cerveau, une grande partie des linguistes et psychologues soutiennent aujourd'hui l'hypothèse innéiste (de la faculté innée du langage) de Chomsky. Un autre courant stipule que l'exposition seule à la langue n'est pas suffisante et qu'il faut une interaction avec le milieu environnant afin que le langage puisse se former. Le psychologue Jerome S. Bruner admet l'existence d'une « grammaire universelle » mais lui adjoint un dispositif de soutien dans l'environnement de l'enfant, le *Language Acquisition Support System* (LASS)[9]. C'est l'entourage immédiat de l'enfant – la famille restreinte et, dans nos cultures, surtout la mère – qui lui fournit des occasions d'acquérir sa langue maternelle. Les moments privilégiés répétitifs, comme le bain, la prise du repas, l'endormissement, sont autant de rituels où la mère interagit avec l'enfant selon un schéma prévisible et aisément reconnaissable par lui. C'est grâce à ces interactions répétitives et chargées d'émotions avec les personnes de son environnement immédiat que l'enfant pourra construire son langage.

Qualité et quantité de l'apport de langage

La nécessité de l'interaction entre l'enfant et l'adulte pour acquérir la langue maternelle est démontrée par les rares cas d'« enfants sauvages », qui n'ont pas eu accès au langage dès la naissance. Le cas le plus connu est celui de Genie[10], une enfant de Californie qui a vécu séquestrée par son père jusqu'à l'âge de 13 ans. Quand on la retrouva, elle ne savait pas parler et pendant

---

8. N. Chomsky, *Language and Mind*, Harcourt Brace Jovanovich, Inc., New York, 1968.
9. J. S. Bruner, *Going Beyond the Information Given*, Norton, New York, 1974.
10. S. Curtiss, *Genie : a Psycholinguistic Study of a Modern-day « Wild Child »*, Academic Press, New York, 1977.

les années qui suivirent sa libération son langage n'a jamais dépassé le stade d'un enfant de 2 ans. Ce cas, ainsi que quelques autres semblables, montre que même si l'être humain est doté d'un dispositif inné pour acquérir le langage, ce dispositif ne se déclenche que s'il y a une situation sociale pour le solliciter et, qui plus est, ce dispositif semble limité dans le temps. Nous reviendrons sur la question d'une période critique dans un chapitre ultérieur.

Ce qui nous intéresse dans un premier temps est de savoir de quelle nature et de quelle durée doit être l'interaction avec l'enfant pour qu'il puisse apprendre à parler. Autrement dit, existe-t-il un seuil minimum d'apport langagier – l'*input* – en dessous duquel le langage n'est pas acquis ? Les cas d'enfants entendants de parents sourds nous donnent des renseignements précieux. Ces enfants sont peu exposés au langage parlé, étant donné que leurs parents communiquent le plus souvent par la langue des signes. Nous savons, grâce à une étude américaine[11], qu'un enfant entendant de parents sourds exposé au langage parlé seulement par le biais de la télévision n'apprend pas à parler. Apparemment, la seule exposition au langage, sans que celui-ci soit adressé à l'enfant, n'est pas suffisante pour déclencher le dispositif de l'acquisition. En revanche, cinq à dix heures de contact par semaine avec des personnes entendantes semblent suffisantes pour qu'un enfant entendant de parents sourds apprenne à parler normalement[12].

Quant à la qualité de l'input, les opinions des scientifiques sont divergentes.

Quand Noam Chomsky affirme que les enfants n'entendent qu'un langage incomplet et non grammatical, d'autres chercheurs rétorquent que les adultes prennent généralement soin de parler correctement aux enfants. On sait que les mères adoptent

11. J. Sachs et M. Johnson, « Language development in a hearing child of deaf parents », dans W. von Raffler-Engel et Y. Lebrun (eds.), *Baby Talk and Infant Speech*, Swets and Zeitlinger, Amsterdam, 1976.

12. N. Schiff-Myers, « Hearing children of deaf parents », dans D. Bishop et K. Mogford (eds), *Language Development in Exceptional Circumstances*, Churchill Livingstone, New York, 1988, p. 47-61.

un style d'expression particulier quand elles s'adressent à leur enfant. Le « langage bébé » (*baby-talk* ou *motherese* en anglais) se caractérise par des phrases simplifiées, des répétitions fréquentes et surtout un changement du timbre de la voix (voix plus aiguë). Pour certains spécialistes[13] le « langage bébé » est primordial pour le développement émotionnel et cognitif[14] ultérieur, alors que d'autres insistent sur la nocivité d'une trop grande simplification du langage, notamment l'utilisation exagérée de « mots bébé » (« fais pipi sur le popo »).

Remarquons cependant que le « langage bébé » n'est pas universel ; il n'existe pas dans toutes les parties du globe. De ce fait, le rôle qu'on lui accorde dans l'apprentissage du langage peut paraître exagéré.

Alors que dans les sociétés occidentales l'interaction verbale avec les enfants est valorisée, il en existe d'autres où on ne s'adresse pas directement aux enfants. Aux îles Samoa, par exemple, parler directement à un enfant est considéré comme une perte de temps parce que les enfants n'ont rien à apprendre aux adultes. Dans d'autres sociétés ou groupes sociaux, on ne s'adresse à un enfant que pour donner des ordres ou poser des interdits, parce qu'on considère qu'un enfant de 1 an (ou de 2 ans, de 3 ans, selon les représentations que l'on a des capacités de l'enfant) ne peut pas comprendre.

Dans tous ces cas et dans toutes les régions du monde, les enfants apprennent à parler leur langue maternelle.

La qualité de l'*input* n'est pas identique dans toutes les familles et dans toutes les situations, même en Occident. En dehors de toute considération sur l'opportunité du « parler bébé » ou de l'interaction adulte-enfant, il y a des circonstances où les enfants entendent, dans leur environnement immédiat, un langage grammaticalement approximatif. C'est le cas des enfants entendants de parents sourds. Le langage des parents sourds est généralement décrit comme possédant une grammaire limitée

---

13. R. Shore, *Rethinking the Brain: New insights into early development*, Families and Work Institute, New York, 1977.
14. Le développement cognitif est le développement des processus mentaux de la mémoire, du jugement, de la compréhension et du raisonnement.

et une prononciation atypique[15]. Malgré la qualité médiocre de la langue parlée, les enfants finissent par maîtriser leur langue maternelle et seront capables de communiquer avec les autres membres de leur communauté linguistique.

Tous les linguistes s'accordent pour dire qu'aucun être humain n'entendra jamais la totalité des phrases possibles dans sa langue, car le nombre de phrases qu'on peut former dans une langue donnée en combinant des mots entre eux est quasi infini. La «pauvreté du stimulus» n'est donc pas un argument en défaveur de l'acquisition du langage. Elle peut par contre influer sur les compétences langagières de l'enfant à long terme, comme nous allons le voir.

Peut-on aider les enfants à développer le langage ?

La période de 0 à 3 ans est primordiale pour l'acquisition du langage.

Des recherches ont montré qu'une plus grande attention portée au langage, par les parents et le personnel de crèche, durant ce stade de développement, favorise le développement des compétences langagières et communicatives ultérieures.

Le fait de parler avec son bébé lors des rituels quotidiens (le bain, le change, etc.) semble essentiel pour un meilleur développement du langage. Jusqu'à 3 ans, c'est surtout l'interaction directe, en face à face, avec la mère ou son substitut qui garantit l'acquisition du langage à un niveau satisfaisant. Plusieurs études insistent sur l'importance du développement du langage oral à un niveau élevé, condition pour un apprentissage de la lecture réussi. Soulignons aussi l'importance de varier les situations d'interaction avec l'enfant afin de le familiariser avec les différentes fonctions sociales du langage. Il est par exemple préférable de procurer à l'enfant des situations d'apprentissage authentiques plutôt que de se limiter à des jeux ou endroits spécialement conçus pour bébés. Jouer avec des vraies casseroles

15. D. Bishop et K. Mogford (eds), *Language Development in Exceptionnel Circumstances*, *op. cit.*

dans la cuisine en compagnie de maman est plus stimulant pour le langage que de manipuler des imitations d'ustensiles de cuisine dans un parc à bébé.

Quand on parle avec l'enfant, il est préférable de répondre au message qu'il a voulu transmettre plutôt que de relever les « erreurs » contenues dans l'énoncé, tout en proposant en retour un modèle de langage correct. Par exemple : (petite fille de 30 mois) « – Il a prenu la poupée à Nana » ; (la mère) « – Ah bon, il a pris ta poupée ? »

Il est également conseillé de familiariser l'enfant avec les lettres, les mots et les chiffres, non dans des exercices isolés – comme on en voit malheureusement dans des activités d'« éveil à la lecture » – mais dans des situations d'interaction avec la mère lors de la lecture de livres d'images[16]. L'intérêt de la lecture de livres d'images pour le développement langagier et notamment le développement de la littéracie a été souligné par un certain nombre de travaux[17]. Par littéracie on entend l'aptitude à comprendre et à utiliser l'information écrite sous toutes ses formes dans la vie de tous les jours. Les livres proposent à l'enfant une diversité de vocabulaire qui ne se trouve pas dans le langage parlée ; en outre il est avéré que les mères utilisent un vocabulaire plus varié et plus riche durant la lecture que pendant les activités quotidiennes comme le bain ou le repas. Les moments de lecture d'un livre sont enfin des situations très répétitives qui permettent à l'enfant de comprendre la signification des mots en regardant les images, sans parler du moment de complicité et d'émotion qui se crée à ce moment-là entre l'enfant et l'adulte.

Pour conclure, rappelons que ce qui conditionne l'acquisition de la parole est le désir de communication avec la mère, avec les autres humains. Rappelons aussi que le langage est un des moyens de communication entre une mère et son bébé ; le toucher et le regard sont d'autres moyens, tout aussi importants. Chaque langue s'accompagne d'une gestuelle différente, d'un

16. A. Anning et A. Edwards, *Promoting Children's Learning from Birth to Five.Developing the new early years professional*, Open University Press, Buckingham, 1999.
17. A. Ninio et J. S. Bruner, « The achievment and antecedents of labelling », *Journal of Child Language*, 5, 1978, p. 1-15.

regard différent ; la parole, quant à elle, n'a pas la même importance dans toutes les cultures.

Actuellement, dans les pays occidentaux, nous assistons parfois à un excès de stimulation de l'enfant, dû aux connaissances que nous avons acquises des compétences du bébé. Dans la course à la performance, la tentation est grande de surmener le bébé, la notion de sens disparaît devant le flot de mots utilisés pour « apprendre » des choses au bébé.

C'est ainsi que certaines mères ont tendance à trop faire, noyant leur enfant dans un flux continu de mots, ce que le spécialiste en neurosciences Steven Pinker appelle le comportement névrotique des mères occidentales[18].

UN EXCÈS DE STIMULATION

« J'ai toujours beaucoup parlé avec mon fils. Quand il était bébé, je lui expliquais ce que j'étais en train de faire dans la cuisine, quand je recevais du courrier, je lui lisais les lettres, quand je l'emmenais en voiture je commentais ce que je voyais dans la rue avant qu'il ne puisse voir grand-chose lui-même dans son siège-bébé. Ce n'est pas pour autant qu'il a commencé à parler tôt ! Maintenant, à 2 ans et demi, il fait des phrases de deux mots mais il prononce très mal et je suis la seule à le comprendre[19]. »

N'oublions pas que le jeune enfant a besoin de moments de calme et qu'une surstimulation peut être aussi nocive qu'un manque de stimulation. Le bon sens est donc de mise, afin de trouver le juste moyen pour garantir un développement du petit enfant dans les meilleures conditions.

Que signifie « être bilingue » ?

De l'idéal à la réalité

Il y a près d'un siècle, des linguistes comme L. Bloomfield (1935) avaient l'habitude de décrire le bilinguisme comme le fait

18. S. Pinker, *The Language Instinct*, Harper, New York, 1994.
19. Tiré d'un forum de discussion allemand (traduit par l'auteur).

de posséder deux langues et de parler chacune aussi bien qu'une personne monolingue. Cette notion de perfection est toujours en vogue dans l'opinion publique. Mais que signifie « posséder » une langue ? Dans une population donnée, des personnes peuvent posséder une même langue à des niveaux de compétence différents, en fonction de leurs besoins spécifiques et de leur environnement socioculturel.

Les mêmes personnes, si elles étaient bilingues, n'auraient pas la même compétence dans leurs deux langues. Pourrait-on dire que les unes seraient « moins bilingues » que les autres ?

Comme le remarque le psycholinguiste François Grosjean[20], si l'on devait considérer comme bilingues uniquement les personnes qui possèdent toutes les compétences linguistiques dans chacune de leurs langues, nous ne pourrions considérer comme telles la majorité des individus qui utilisent quotidiennement deux ou plusieurs langues. Certains n'ont qu'une compétence orale dans une langue et une compétence de l'écrit dans l'autre, d'autres parlent deux langues quotidiennement, mais avec un niveau de compétence différent sans savoir ni lire ni écrire dans les deux langues. Rares sont les personnes qui possèdent une maîtrise parfaite, au niveau oral et écrit, de deux (voire plusieurs) langues. Le niveau de maîtrise de chaque langue dépend en premier lieu de l'âge de l'individu bilingue, un enfant de 6 ans ne peut avoir la même maîtrise de deux langues (ni même d'une seule langue) qu'un adulte, de même qu'un adulte utilisera différents niveaux de langage selon sa situation professionnelle et sociale.

Le bilinguisme *équilibré* est rare, pour la simple raison que dans une société monolingue les occasions d'utiliser indifféremment l'une ou l'autre langue dans toutes les situations de la vie quotidienne sont pratiquement inexistantes. Il existe en général un déséquilibre entre les deux langues parce que le bilingue utilise chacune d'elles dans des domaines ou des activités différents (telle langue est utilisée à la maison, telle autre uniquement au travail, par exemple).

20. F. Grosjean, « Le bilinguisme che l'adulte et chez l'enfant », conférence, association Café Bilingue, Paris, 24 novembre 2012.

Pour François Grosjean, la notion de « déséquilibre » n'a de sens que d'un point de vue monolingue, considérant que le bilingue a une maîtrise incomplète de chaque langue. Cette interprétation ne tient pas compte du fait que le bilingue utilise ses deux langues à des fins de communication dans des situations courantes. Dans une perspective de compétence communicative, le bilingue communique aussi bien que le monolingue dans la vie quotidienne. Il conviendrait donc d'aborder le bilinguisme non pas par la maîtrise que possède le bilingue des deux langues, mais par sa compétence communicative dans la vie de tous les jours.

Un repère essentiel, la compétence communicative

La seule comparaison possible avec les monolingues est celle de la compétence communicative. Le bilingue, tout comme le monolingue, est un être communicant et en tant que tel doit développer une compétence communicative égale à celle du monolingue. Pour le bilingue, la communication prend des formes différentes, il se sert de l'une, de l'autre, ou des deux langues à la fois – dans un parler bilingue – selon la situation, l'interlocuteur, le sujet.

Pour montrer le non-sens d'une évaluation du bilingue selon des normes monolingues, nous empruntons à François Grosjean[21] une image du domaine du sport. Un coureur de 110 m haies combine en partie les compétences du sauteur en hauteur et du sprinter, de manière à en faire une compétence nouvelle. Tout comme il ne viendrait pas à l'idée d'un amateur d'athlétisme de comparer les performances du coureur 110 m haies à celles d'un sauteur en hauteur ou d'un sprinter, on ne peut pas définir l'individu bilingue comme « deux monolingues en une seule personne ». Le bilinguisme n'est pas simplement une juxtaposition de deux compétences linguistiques, c'est un état particulier de compétence langagière qui ne peut être évalué avec les termes de la norme monolingue.

---

21. F. Grosjean, *ibid.*, p. 15.

Dans la perspective d'une communication réussie, il faut considérer l'individu bilingue comme évoluant au fil du temps, avec des compétences fluctuantes dans l'une et l'autre langue suivant l'âge, l'environnement social et géographique. Des situations nouvelles peuvent exiger le développement de nouvelles compétences dans une langue, l'abandon d'autres compétences dans l'autre langue. L'exigence de l'utilisation majoritaire d'une seule langue « comme un monolingue » peut amoindrir les compétences dans l'autre, allant jusqu'à son oubli si son utilisation ne correspond plus à des besoins réels. À tel point qu'on considère que la survie des compétences bilingues des individus dans une société monolingue est rarement assurée au-delà de la deuxième génération.

—— TRANSMETTRE LE BILINGUISME

« J'aurais tellement souhaité pouvoir transmettre mon bilinguisme à mes enfants, mais c'est là que s'est finalement manifesté un handicap... J'ai essayé, mais je n'ai pas su persévérer. Le bilinguisme de "seconde génération", comme je l'appelle, est à mon avis bien plus difficile à transmettre qu'une bonne vieille langue maternelle unique qu'on parle à son enfant...[22] »

Les différents types de bilinguisme selon l'âge et l'environnement

Le bilinguisme qui impressionne le plus le grand public est celui de l'enfant. Acquis grâce à la présence de deux langues dans son environnement immédiat, le bilinguisme est *précoce* et *simultané* si deux langues sont présentes dès la naissance, il est *précoce* et *consécutif* si la seconde langue est introduite dans l'environnement de l'enfant après 3 ans. Si le contact avec une seconde langue débute après l'âge de 6 ans, les mécanismes d'apprentissage, différents de ceux impliqués dans l'acquisition du langage, aboutissent à un bilinguisme *tardif*.

---

22. Les témoignages de cet ouvrage, en encadré et dans le texte – sauf exceptions indiquées –, proviennent tous de la liste de discussion initiée sur le site www.enfantsbilingues.com ou d'entretiens avec l'auteur.

Différents facteurs déterminent le développement du bilinguisme de l'enfant. Si le début de l'acquisition de deux langues, chez le jeune enfant, est toujours déclenché par la nécessité d'interagir avec des personnes ne parlant pas tous la même langue, les différentes phases de développement du langage « bilingue » sont conditionnées par l'âge du premier contact avec la seconde langue, tandis que le niveau de compétence qui pourra être atteint dans l'une et l'autre langue est sujet à des conditions sociologiques.

Comme l'explique François Grosjean, la cause directe du bilinguisme de l'enfant est donc toujours le besoin de communiquer avec des gens qui ne parlent pas tous la même langue. C'est le cas des enfants en Tanzanie qui deviennent trilingues avant l'adolescence, en parlant la langue locale en famille, le swahili à l'école élémentaire et l'anglais à l'école secondaire, ou celui des enfants Yaquis en Arizona qui utilisent le yaqui en famille, l'espagnol avec des camarades de jeu et l'anglais à l'école. Plus près de nous, au Luxembourg, coexistent trois langues officielles : le luxembourgeois, le français et l'allemand. De fait, à la fin de la scolarité obligatoire, les enfants savent tous utiliser ces trois langues, à l'écrit comme à l'oral, dans les différents domaines de la vie privée et professionnelle.

Un enfant dont les parents ne parlent pas la même langue a de fortes chances de développer un bilinguisme *équilibré*, à condition que les deux parents se partagent les tâches quotidiennes à parts égales. Cet équilibre sera ébranlé à partir du moment où l'enfant fréquentera un environnement monolingue : crèche, garderie, école maternelle, etc. Une des deux langues s'affaiblira, alors que la langue de la majorité monolingue deviendra dominante pour l'enfant. Qu'une langue reste *majoritaire* ou *forte*, alors que l'autre devient *minoritaire* ou *faible* dépend donc de l'environnement immédiat de l'enfant. Les parents devront faire un effort supplémentaire pour maintenir vivaces les compétences linguistiques dans la langue minoritaire pour contrecarrer la tendance naturelle de tous les enfants de ne pas conserver une langue sans raison essentielle.

Les compétences intellectuelles : bilinguisme additif, neutre ou soustractif

La fréquentation d'une école monolingue contribuera au déséquilibre du bilinguisme alors que l'école bilingue permettra de développer les compétences supplémentaires dans la seconde langue, comme la lecture et l'écriture.

Pour mettre en place une communication, deux compétences au moins sont nécessaires : comprendre et parler. Elles peuvent être étendues à la connaissance de la lecture et de l'écriture. Ces compétences linguistiques exigent des compétences cognitives (intellectuelles) à des niveaux différents. La cognition – l'ensemble des activités intellectuelles – est peu sollicitée dans une situation de communication concrète, quand on salue quelqu'un par exemple, tandis que la rédaction d'un essai philosophique nécessite des compétences cognitives élevées.

La communication « en contexte », peu exigeante sur le plan cognitif, caractérise une grande partie de notre quotidien, alors que des compétences cognitives plus élevées sont nécessaires dans le cadre de l'instruction par exemple. Un individu bilingue ne possède pas nécessairement tous ces niveaux de compétences dans les deux langues. Il se peut que ses compétences dans une langue se limitent à la communication concrète (« passe-moi le sel »), alors qu'il sait rédiger un bulletin d'informations dans l'autre langue : il est *bilingue dominant*. Le niveau de développement de chaque langue détermine la forme du bilinguisme et son effet sur le développement cognitif. Le bilinguisme sera *additif* si toutes les compétences cognitives sont développées dans les deux langues, *neutre* ou *soustractif* si les compétences sont développées de manière inégale.

Un développement lié au statut des langues

Le développement d'un bilinguisme additif, neutre ou soustractif est déterminé en partie par la répartition des langues dans l'environnement immédiat, ainsi que par la nature des langues en contact. Un enfant grandissant avec une mère anglophone et un père français a plus de chances de développer un bilinguisme satisfaisant qu'un enfant entendant le tchèque par son père et le français par sa mère. L'anglais étant une langue internationale (elle est parlée dans différentes parties du globe par un nombre important de locuteurs), son apprentissage est considéré comme nécessaire par la société. C'est la raison pour laquelle le bilinguisme français-anglais jouit d'un *a priori* plutôt favorable dans l'opinion publique. Il en est tout autrement pour la langue tchèque (ou toute autre langue de moindre prestige que l'anglais). N'étant pas une langue internationale (selon les critères que nous venons de voir), la connaissance du tchèque est parfois considérée en France comme un savoir superflu, n'apportant aucune plus-value sur le marché du travail. La connaissance d'une langue « mineure » – c'est ainsi que l'Éducation nationale catégorise les langues vivantes autres que l'anglais, l'allemand, l'espagnol – peut même être vue par certains comme un handicap dans l'apprentissage du français !

Le statut d'une langue et les attitudes envers le bilinguisme sont des facteurs macrosociologiques qui conditionnent aussi le développement du bilinguisme.

2

Devenir bilingue

Fonctionnement et conséquences

Effets néfastes du bilinguisme : les idées reçues sont tenaces

Sur quelque deux cents vingt-quatre États dans le monde, vingt-neuf seulement peuvent être considérés comme véritablement monolingues[1]. Malgré cette réalité, l'idée de l'effet négatif du bilinguisme précoce a hanté l'inconscient collectif pendant de longues années. Les relents de ces préjugés sont encore perceptibles aujourd'hui dans certains milieux. La raison en est la méconnaissance du phénomène bilingue. La France – et d'une manière générale l'Europe – n'est pas un pays où le multilinguisme est la règle, ce qui justifie d'autant plus l'intérêt à l'étudier.

1. J. Lefevre, http ://www.tlfq.ulaval.ca/axl/Langues/1div_recens.htm

Les premières études du bilinguisme précoce étaient américaines. Jusque dans les années 1960, elles ont révélé une influence néfaste sur l'« intelligence » des enfants. Une étude typique de cette époque est celle du chercheur gallois D. J. Saer[2] (1923) qui soumettait des enfants bilingues et monolingues à des tests verbaux d'intelligence. En comparant les résultats de mille quatre cents enfants de 7 à 14 ans de milieux bilingue et monolingue, il trouva une supériorité de dix points entre le QI (quotient intellectuel) des enfants monolingues et celui des enfants bilingues. Le problème de cette étude – et d'autres par la suite – est inhérent à la nature des tests d'intelligence auxquels on soumettait (et soumet parfois encore) les enfants. Ces tests en général mesurent une infime partie de l'intelligence (celle qui a trait aux exigences de l'école) et expriment une vision des classes moyennes des sociétés occidentales[3].

Ces études antérieures à 1960 manquaient par ailleurs tout simplement de rigueur scientifique : on y comparait les performances des enfants d'immigrants à des tests verbaux en anglais, langue qu'ils étaient en train d'apprendre, à celles d'enfants anglophones. Qui plus est, le milieu social dont étaient issus les enfants n'était pas pris en compte. Il n'est donc pas étonnant dans ces conditions que les résultats se soient révélés désastreux pour les enfants « bilingues » ; on démontrait ainsi qu'ils étaient sujets à la « confusion mentale », qu'ils présentaient un « handicap linguistique », on décelait chez eux un sentiment de déracinement et même des troubles de la personnalité.

Ce n'est que depuis une quarantaine d'années qu'une recherche moins partiale, employant des méthodes rigoureuses, reconnaît une influence bénéfique ou neutre d'une seconde langue sur le développement de l'enfant. Pourtant, malgré ces découvertes, l'impact des premières études sur l'opinion publique a été important, au point que peurs et préjugés entourent aujourd'hui encore le bilinguisme de l'enfant.

---

2. Cité dans C. Baker, *Foundations of Bilingual Education and Bilingualism*, Multilingual Matters Ltd, Clevedon, 2001.
3. C. Baker, *ibid.*, p. 137.

Nous rencontrons régulièrement des parents comme des professionnels de la petite enfance chez qui la peur de la « confusion mentale » du jeune bilingue occupe une place centrale. Voici ce qu'on a pu lire sur des forums de discussion : « Je vais bientôt être maman et cette question me tracasse car quand je vois comment cela perturbe un enfant d'apprendre deux langues, je ne sais pas comment faire », ou « Pour ce qui est de la lenteur des enfants bilingues, c'est normal qu'ils mettent du temps à parler vu qu'ils doivent assimiler deux langues au lieu d'une ! C'est du boulot en plus pour leur cerveau en développement... » Ou encore : « J'ai entendu un expert dire qu'un enfant au contact permanent de deux langues différentes, prenons par exemple le français et l'anglais, n'apprendrait pas à distinguer clairement les deux langues, mais parlerait plutôt le franglais. » Peur du mélange comme conséquence d'une confusion mentale donc, qui est aux antipodes des capacités cognitives requises pour une vie d'adulte épanouie.

La notion de confusion nous renvoie à l'idée de l'« hybride, du métissage, de la bâtardise, de la perte de la pureté originelle de la langue en quelque sorte » comme le formule la linguiste Christine Deprez[4]. Dans l'opinion publique, le mélange des langues mettrait en péril l'apprentissage de la langue française, dont tout le monde conviendra qu'elle est nécessaire pour l'égalité des chances et la réussite scolaire dans notre pays.

L'organisation des langues dans le cerveau

On imagine en général la langue comme une entité délimitée, située à un endroit spécifique du cerveau. Si une deuxième langue doit être apprise en même temps, elle sera représentée comme un deuxième ensemble délimité qui devra se placer à côté de la première langue, une troisième langue se placerait encore à côté et ainsi de suite.

Si on voulait illustrer l'acquisition d'une compétence bilingue telle qu'elle est perçue par le non-spécialiste, on pourrait la

4. C. Deprez, *Les Enfants bilingues : langues et familles*, Didier, Paris, 1999, p. 112.

comparer à la construction de deux maisons sur un même terrain.

Prenons donc un terrain donné – équivalent à l'aire dans le cerveau réservée au langage – sur lequel on veut ériger deux maisons juxtaposées. La condition est que la construction des deux maisons doit être finie au même moment, alors qu'un seul maçon est disponible pour accomplir le travail. Une personne ne pouvant pas être à deux endroits en même temps, au moment où le maçon construira une maison, la construction de l'autre sera forcément arrêtée. Par ailleurs, le maçon risque d'utiliser les matériaux destinés à l'une pour construire un mur ou un plafond dans l'autre et vice versa. La conclusion s'impose : tout comme une seule personne ne peut pas construire deux maisons durant la même période, un enfant ne peut pas acquérir deux langues simultanément. Si tel était le cas, il s'ensuivrait une construction incomplète des deux langues.

Qu'en est-il vraiment ? On sait que le langage est traité en grande partie dans l'hémisphère gauche du cerveau, mais que certains comportements linguistiques comme la mémoire pour les chansons et poèmes sont liés à l'hémisphère droit. La question est donc de savoir dans quelle région du cerveau sont traitées les langues supplémentaires acquises durant l'enfance ou au cours de la vie.

Les avancés technologiques de ces dernières années ont permis de mieux comprendre le fonctionnement du cerveau : on a pu rendre visibles les régions qui « travaillent » lorsqu'une personne raconte un événement ou écoute une voix enregistrée. Grâce à l'imagerie par résonance magnétique fonctionnelle (IRMf) on peut étudier les réponses du cerveau à la parole, même chez les bébés.

En observant le cerveau d'adultes bilingues ayant appris la seconde langue tardivement, on a constaté que le centre de traitement de cette seconde langue se trouve dans d'autres régions du cerveau ; qui plus est, ces régions activées sont très variables selon les individus. Ceci explique éventuellement la grande diversité des compétences en seconde langue d'adultes bilingues tardifs.

Chez les bilingues précoces – ayant été confrontés aux deux langues avant l'âge de 6 ans –, les régions qui traitent le langage sont pratiquement superposées, ce qui signifie que les deux langues sont traitées comme une seule. On a découvert récemment que la fixation des langues dans le cerveau diffère aussi en fonction du degré de bilinguisme. Chez le bilingue incomplet (une langue dominante), la seconde langue est traitée dans d'autres régions du cerveau, alors que plus une seconde langue est maîtrisée, plus elle sera traitée dans les mêmes régions que la langue maternelle. La recherche en neurolinguistique n'en est qu'à ses débuts et il faudra encore des années d'études passionnantes pour pouvoir statuer s'il existe réellement une différence dans le traitement du langage entre monolingues et bilingues.

Le fait que les deux langues soient traitées dans la même région du cerveau chez le bilingue précoce pourrait fournir au profane une explication à la confusion des langues. Pour mieux comprendre le fonctionnement des individus bilingues, regardons de plus près l'organisation des représentations mentales des langues.

Les représentations mentales du langage

Chaque objet existant dans la réalité peut être nommé par un mot auquel il est lié. L'évocation d'un objet, même en son absence, fait apparaître devant notre œil intérieur une image mentale représentant cet objet. Quand nous parlons d'un chien, nous pouvons nous représenter l'animal même en son absence. L'évocation du mot « chien » sera associée à une série de représentations – comme « labrador », « aboyer », « promenade », etc. – construites en fonction de l'expérience personnelle de chacun. Les différents éléments sont connectés entre eux et organisés dans le lexique mental.

Or le même objet (le *signifié*) est lié à un mot différent dans une autre langue. On s'est donc demandé si, chez l'individu bilingue, les représentations mentales de chaque langue sont stockées en deux systèmes indépendants ou s'il y a dépendance entre les deux (ou plusieurs) systèmes.

Les premières études avançaient l'hypothèse que les langues étaient stockées différemment dans le cerveau en fonction de l'âge de l'enfant au moment de l'introduction de la seconde langue : les bilingues précoces auraient un système interdépendant (c'est le bilinguisme *composé*), alors que les bilingues tardifs auraient deux systèmes séparés (le bilinguisme *coordonné*).

L'enfant bilingue coordonné aurait deux systèmes linguistiques et deux représentations mentales séparées, il se comporterait comme un locuteur natif dans chaque langue. Un bilingue allemand-français par exemple aurait le signe linguistique « blume » (fleur, en allemand) associé à la représentation mentale « BLUME » ainsi qu'un signe linguistique « fleur » associé à la représentation mentale « FLEUR ».

Le bilingue composé (dans le bilinguisme précoce) aurait deux systèmes de codage, donc deux signes linguistiques « fleur » et « blume » pour un même système de représentations mentales de la réalité (d'une fleur, dans notre cas) que l'on pourrait représenter ici comme « BLUMFLEURE[5] ».

La recherche a fait dans la dernière décennie des avancées importantes dans la compréhension de l'organisation du langage durant les premières années de l'acquisition de deux langues. Ses résultats ne confirment ni l'hypothèse de la dépendance (bilinguisme composé) ni celle de l'indépendance (bilinguisme coordonné) des systèmes linguistiques. Il faut plutôt s'accorder sur un modèle intégré grâce auquel l'enfant bilingue a accès à deux systèmes linguistiques distincts, mais qui interagissent à la base, au niveau d'un système indépendant de représentations mentales.

Le langage « bilingue » peut être représenté comme un système dans lequel deux lexiques phonétiques, donc deux modes d'expression (chien/*hund*) sont interconnectés à des niveaux différents, dont celui des significations (le lexique sémantique). Pour comprendre ces interconnexions, on a fait subir une série de tests à des adultes bilingues, permettant de mesurer le temps

5. E. Harding et Ph. Riley, *The Bilingual Family*, Cambridge University Press, Cambridge, 1999.

de réponse de l'individu dans des tâches de traduction désignation d'objets. L'individu doit nommer des objets sentés sur des images dans une langue, puis nommer le même objet dans l'autre langue. Dans une seconde tâche, on présente différentes images à la personne et on lui demande de nommer l'image dans l'une ou l'autre langue. Dans cette seconde tâche, où il faut désigner un objet dans une seule langue, le temps de réaction est légèrement plus court que dans la première tâche, où il s'agit de nommer un objet d'abord dans une langue, ensuite dans l'autre. Pour traduire, le temps de réponse est plus long, car il faut faire un « détour » par le lexique sémantique[6].

Pour donner une image de la réalité du langage de l'enfant bilingue, le linguiste et spécialiste en éducation canadien Jim Cummins[7] propose celle d'un iceberg à deux pics. La compétence langagière – comprenant les concepts (comme la possession, l'interrogation, la négation, etc.) et les représentations non verbales (les images) – correspond à la partie immergée de l'iceberg. Les deux pics visibles de celui-ci représentent les systèmes linguistiques distincts (les mots, la grammaire, la phonologie) de la langue A et de la langue B. Indépendamment de la langue utilisée pour parler, lire, écrire ou écouter, les pensées – toute activité non verbale – qui accompagnent cette activité linguistique sont issues d'une base unique constituée par la partie immergée.

Tout comme on n'apprend pas à marcher deux fois, l'enfant apprend à parler une seule fois, à poser un acte de communication (demander, exiger, raconter par exemple), à nommer chaque composante du monde qui l'entoure. Il apprend aussi que les objets ont des noms différents selon la personne qui les nomme ou selon le lieu où l'on se trouve.

Ainsi, Yasmina, 28 mois, pointant son doigt vers une chaise : « Papa dit "koursi" [arabe algérien], maman dit "chaise". »

Françoise, née à Shanghai, est arrivée à Paris avec ses parents à l'âge de 14 ans. Elle est mariée avec un Français et a une petite

6. M. GARMAN, *Psycholinguistics*, Cambridge University Press, Cambridge, 1990.
7. J. CUMMINS, « Linguistic interdependence and the educational development of bilingual children », *Review of Educational Research*, 1979, p. 49.

fille de 3 ans, à laquelle elle parle chinois. La petite se débrouille bien dans les deux langues et change systématiquement de langue en fonction de son interlocuteur. Elle se sert des particularités physiques pour le choix de la langue et s'adresse systématiquement en chinois aux personnes asiatiques. En faisant la différence entre les personnes ou les situations, l'enfant prend conscience de l'existence de deux systèmes linguistiques et devient bilingue.

Dès que la « bonne » langue est repérée, le cerveau bilingue doit fournir un effort supplémentaire : il doit « désactiver » totalement l'autre système. Des chercheurs britanniques ont récemment pu visualiser la région dans le cerveau où a lieu le changement de langue[8]. Les personnes testées étaient des bilingues anglais/japonais et anglais/allemand. Elles devaient lire des paires de mots sur un écran dont tantôt la signification, tantôt la langue était soit différente, soit semblable. Une région du cerveau nommée « noyau caudé » *(nucleus caudatus)* était activée à chaque fois que la signification des mots était différente ou que les mots étaient dans deux langues différentes.

On sait aussi que le traitement de deux langues aussi différentes que l'anglais et le coréen demande au cerveau plus de « travail » que celui de deux langues plus proches comme l'anglais et le néerlandais. L'activité cérébrale est plus intense lorsqu'il s'agit de traiter une langue très différente de la première. Bien entendu, ceci ne signifie pas qu'il est plus difficile pour un enfant de devenir bilingue coréen/français que français/espagnol. C'est plutôt une preuve pour la capacité du cerveau humain de tenir séparées des langues aussi distantes que le coréen et le français, mais aussi des langues aussi proches que l'allemand et l'anglais. Ce « travail » supplémentaire que doit fournir le cerveau de l'enfant bilingue par rapport à celui du monolingue est au centre de la question de l'influence du bilinguisme sur l'intelligence.

---

8. J. Crinion *et al.*, « Language control in the bilingual brain », *Science*, vol. 312, n° 1537, 2006.

Peut-on mesurer l'influence du bilinguisme sur l'intelligence ?

La question de l'impact du bilinguisme sur l'« intelligence » a été traitée par différents courants de recherche. Le concept de l'intelligence et des tests pour la mesurer a toujours été au centre de débats passionnés. Définie comme cet « ensemble des fonctions mentales ayant pour objet la connaissance conceptuelle et rationnelle (par opposition à la sensation et à l'intuition)[9] », l'intelligence est comprise par les uns comme une dimension de la personnalité qui reste immuable par les influences extérieures et, par d'autres, comme modifiable par l'expérience de l'individu (dans la famille, par l'éducation, par la culture). L'un des débats est de savoir si l'intelligence peut être divisée en différentes composantes telles que l'intelligence linguistique, mathématique ou musicale par exemple. Enfin, savoir si l'on peut mesurer toutes les formes d'intelligence par un test « sur papier », qui admet pour chaque question une solution unique, correcte et acceptable, est également un sujet de polémique.

Quand on mesure l'intelligence verbale et non verbale d'un individu bilingue, le test ne tient pas compte des composantes culturelles de l'exposition à chaque langue. Par ailleurs, pour mesurer l'intelligence verbale, on se sert d'une seule langue, ce qui peut se révéler problématique chez le sujet bilingue qui n'a pas une maîtrise identique de ses deux langues. Notons en outre que les tests reflètent une représentation de l'intelligence particulière à la classe moyenne de la société occidentale[10] : leur validité est donc remise en question quand on les applique à des individus socialisés dans une autre aire culturelle.

En apprenant à parler, l'enfant devient un membre de sa communauté. La langue lui est transmise avec et par des pratiques culturelles propres à celle-ci. La culture du groupe détermine la quantité et la qualité de l'apport linguistique qui est procuré à l'enfant. Il est démontré que les pratiques culturelles autour de l'acquisition du langage influencent le style de pensée

9. Terminologie de neuropsychologie et de neurologie du comportement, Recherche et réd. Louise Bérubé, 1991.

10. C. Baker, *Foundations of Bilingual Education and Bilingualism, op cit.*, p. 137.

et de résolution de problèmes de l'enfant, ainsi que les interactions sociales. Ainsi, les enfants Navajos (Indiens d'Amérique) ont plus de difficultés que les enfants anglophones à classer des objets par la couleur, mais excellent dans la catégorisation par la forme; cela est dû à l'existence, dans la langue navajo, de morphèmes (éléments déterminant la forme d'un mot) relatifs à la forme d'un objet[11]. Si notre environnement culturel influence notre langue, celle-ci façonne notre manière de penser. Par exemple, la notion d'espace n'est pas universelle : quand nous disons : « L'enfant est derrière l'arbre », les Guugu Yimithirr, une communauté d'aborigènes, en Australie, voient le même enfant « au nord (ou au sud...) de l'arbre ». Si bien que les enfants Guugu Yimithirr développent un sens aigu de l'orientation en même temps que le langage[12].

L'aspect culturel est donc déterminant pour le développement du langage, et plus particulièrement pour le langage de l'enfant bilingue. Aux antipodes des recherches anglo-saxonnes sur les enfants d'immigrés et leurs conclusions négatives, les monographies de linguistes comme J. Ronjat et W. F. Leopold[13] étudiaient le développement de leurs propres enfants élevés avec deux langues. Ce bilinguisme d'une élite, qui concerne des langues comme le français, l'allemand, l'anglais, rendrait les enfants plus « intelligents », alors qu'un autre bilinguisme, touchant la grande majorité des individus bilingues et impliquant les langues de moindre prestige, enfermerait les enfants dans un « handicap » !

L'un et l'autre argument ont été largement exploités pour fournir des armes aux camps des défenseurs et des adversaires du bilinguisme précoce.

---

11. B. T. Bowman, M. S. Donovan et M. S. Burns (eds.), *Eager to Learn : Educating Our Preschoolers*, Committee on Early Childhood Pedagogy, National Research Council, Washington, D. C., 2000.
12. G. Deutscher, *Through the Language Glass*, Heinemann, Londres, 2010.
13. J. Ronjat, *Le développement du langage observé chez un enfant bilingue*, Champion, Paris, 1913, et W. F. Leopold, *Speech Development of a Bilingual Child* (4 vol.), Northwestern University Press, Evanston, Illinois, 1939-1949.

En 1962, deux chercheurs canadiens[14] sont les premiers à étudier de manière rigoureuse deux groupes d'enfants âgés de 10 ans de la région de Montréal, soigneusement sélectionnés par rapport à leur quotient intellectuel, leur origine socio-économique et leur bilinguisme. Ils ont comparé les résultats à des tests d'intelligence verbale et non verbale d'enfants bilingues français-anglais et de monolingues anglais. L'étude a conclu sur un net avantage des enfants bilingues, ce que les chercheurs ont expliqué par la plus grande « flexibilité cognitive » des enfants qui ont l'habitude de passer d'un système de symboles à l'autre. Le « travail » d'activation et de désactivation des systèmes linguistiques serait une sorte de gymnastique pour le cerveau qui augmenterait ainsi son rendement.

Bien qu'elle ait constitué un tournant dans la recherche sur l'intelligence des enfants bilingues, cette étude n'est pas sans défauts. La première critique qu'on peut lui adresser est le fait que les cent dix enfants de l'échantillon ont été sélectionnés parmi trois cents cinquante-quatre enfants bilingues pour leur bilinguisme équilibré. Les enfants bilingues à un moindre degré ont donc été écartés de l'échantillon. On doit se demander si les enfants bilingues équilibrés ont développé ce degré de bilinguisme à cause de leurs aptitudes intellectuelles particulières ou bien si c'est leur bilinguisme particulier qui a augmenté leurs aptitudes intellectuelles.

Les réponses à cette question sont équivoques. Il s'avère que, en fonction des tâches demandées aux enfants dans les différents tests, les résultats vont soit en faveur d'un avantage, soit en faveur d'un effet neutre de l'expérience bilingue.

Il existe aussi des études qui n'ont trouvé aucun bénéfice pour les enfants bilingues, d'autres qui ont démontré cet avantage seulement pour certaines tâches et pour certaines langues. Certains chercheurs pensent qu'une supériorité cognitive existe seulement dans le cas d'un bilinguisme équilibré, quand l'enfant a une compétence égale dans les deux langues. Un bilinguisme

14. Cité par J.-F. HAMERS et M. BLANC, *Bilinguisme et bilingualité*, Mardaga, Bruxelles, 1984, p. 91.

déséquilibré, avec une langue dominante – de loin la forme la plus répandue –, n'aurait aucune influence sur le niveau intellectuel de l'enfant. Il s'avère en outre que la plupart des études concluant sur un effet « négatif » du bilinguisme concernaient des enfants issus de minorités linguistiques qui devaient apprendre bon gré mal gré la langue de la majorité. Les études rapportant un effet positif étaient menées dans des groupes où le bilinguisme était recherché et qui concernaient des langues valorisées par l'entourage. L'effet positif sur les habiletés cognitives liées au bilinguisme dans une langue peu valorisée a été récemment démontré chez des enfants en Sardaigne et en Écosse. Les enfants participant à cette étude[15] étaient respectivement bilingues anglais-gaélique ou italien-sarde. Les chercheurs ont démontré notamment un avantage cognitif des enfants bilingues en Écosse et en Sardaigne. Le résultat obtenu par les bilingues italien-sarde est particulièrement intéressant compte tenu du fait que le sarde se transmet uniquement à l'oral dans les familles. En Écosse, où le gaélique est enseigné à l'école, l'avantage cognitif est encore plus probant.

Une série d'études menées par l'équipe de la psycholinguiste Ellen Bialystok a pu démontrer que le contact régulier avec une seconde langue réorganise des réseaux neuronaux impliqués dans les fonctions exécutives. Ces fonctions de contrôle sont nécessaires à l'individu pour rester concentré sur les points essentiels d'une tâche et pour en inhiber les aspects secondaires. Le changement fréquent d'un système langagier à un autre chez les individus bilingues renforcerait le système de contrôle exécutif, avantage restant acquis jusqu'à un âge avancé. Qui plus est, selon les recherches d'Ellen Bialystok, l'apparition de symptômes de la maladie d'Alzheimer serait retardée de cinq ans chez les sujets bilingues âgés, comparativement aux monolingues[16].

---

15. M. Lauchlan, M. Parisi et R. Fadda, « Exploring bilingualism in Sardinia and Scotland : the cognitive benefits of speaking a "minority" language », *International Journal of Bilingualism,* 17 (1) 43-56, 2012.
16. G. Luk, E. Bialystok, F. Craik et C. Grady, « Lifelong bilingualism maintains white matter integrity in older adults », *The Journal of Neuroscience,* 31 (46), 16 novembre 2011.

Cette particularité du cerveau bilingue a trouvé un large écho dans les médias. Les slogans vantant l'« avantage bilingue » ont donné l'impression que la maîtrise d'une seconde langue non seulement augmenterait l'efficacité dans le travail, mais protégerait aussi des maladies dégénératives.

Plusieurs équipes[17] ont reproduit la recherche d'Ellen Bialystok, avec d'autres langues et dans des milieux différents. Leurs résultats mettent un bémol à l'enthousiasme général, car ils n'ont pu révéler aucun avantage cognitif chez les bilingues, enfants ou adultes. Ces chercheurs concluent que des facteurs externes, comme le contexte d'utilisation de chaque langue et le nombre d'interactions dans celle-ci, jouent un rôle important dans la mesure des effets cognitifs du bilinguisme[18].

Il faut par conséquent rester prudent lorsqu'on compare les enfants bilingues aux enfants monolingues. De nombreux paramètres non contrôlables, comme l'environnement social et culturel immédiat, peuvent entrer en jeu, rendant malaisée toute comparaison. C'est pourquoi certains chercheurs préfèrent s'intéresser à des domaines plus larges que les capacités cognitives, comme les styles de pensée ou les stratégies d'apprentissage des bilingues.

Les autres effets du bilinguisme

On a constaté que les enfants bilingues ont une pensée moins normée mais plus créative, flexible et ouverte. Cette pensée divergente ou créative[19] ou, à l'opposé, la pensée convergente détermine la quantité de solutions à un problème que trouve un individu. Quand on demande à une personne d'imaginer les différentes utilisations d'une brique, par exemple, la personne

17. A. E. Duñabeitia, J. Estévez, A. Hernández, J. Castillo, A. Fuentes et M. Carreiras, « Is there a bilingual advantage in the ANT task? Evidence from children », *Frontiers in Psychology*, 398, 2014.
18. N. W. Kir, L. Fiala, K. C. Scott-Brow et V. Kempe, « No evidence for reduced Simon cost in elderly bilinguals and bidialectals », *Journal of Cognitive Psychology (Hove)*, 18 août ; 26 (6) : 640-648, 2014.
19. C. Baker, *Foundations of Bilingual Education and Bilingualism, op. cit.*

au style de pensée convergente va énumérer des utilisations conventionnelles, comme construire un mur, une maison ou un barbecue. La personne de style divergent, en revanche, trouvera des utilisations originales, comme fermer un trou de souris, casser une vitre, stabiliser une table.

Les études qui s'intéressent au style de pensée des bilingues partent de l'hypothèse que le fait d'avoir deux systèmes de représentations mentales augmente la flexibilité et l'originalité de la pensée. Le bilingue a deux mots pour un seul objet ou une seule idée, son champ sémantique pour un même objet est donc plus vaste que celui d'un monolingue. Le psycho-sociologue britannique Colin Baker cite l'exemple de l'anglais et du gallois[20]. En gallois, « école » se dit « ysgol », mot qui signifie aussi « échelle ». Un bilingue anglais-gallois aura donc une image supplémentaire en pensant à une école : celle de l'école comme une échelle. La question de savoir si la possession de deux ou plusieurs mots pour un seul objet (un contenu, une idée) permettait une pensée plus créative et plus originale, donc plus libre, a été étudié dans différents pays et avec différentes langues. Les résultats démontrent que les enfants bilingues ont effectivement un style de pensée plus créatif et divergent que les monolingues. Notons cependant que ces études sont menées dans un contexte où le bilinguisme jouit d'une représentation positive.

Un autre avantage du bilinguisme est la capacité de réflexion sur la langue comme objet. Cette conscience *métalinguistique* se manifeste plus tôt chez l'enfant bilingue que chez le monolingue. Le fait de devoir organiser son langage très tôt en deux systèmes distincts a comme conséquence que l'enfant est capable de voir le caractère arbitraire d'un mot et de pouvoir séparer le mot de sa signification. Ces capacités sont des conditions nécessaires à l'apprentissage de la lecture, l'enfant bilingue les acquiert plus tôt que le monolingue. La plus grande conscience de ce qu'est une langue semble en outre faciliter l'apprentissage d'une troisième langue dans le cadre scolaire. En général, les

20. *Ibid.*, p. 146.

études démontrent un effet positif du bilinguisme sur l'apprentissage d'une troisième langue, à condition que l'apprentissage soit conditionné par la motivation de l'enfant d'utiliser cette dernière comme moyen de communication.

Les enfants bilingues ont aussi ce que Colin Baker appelle une sensibilité communicative accrue[21]. Dans une situation de communication, le bilingue a pour ainsi dire des « antennes » supplémentaires qui lui indiquent quelle langue il doit parler avec telle personne et à quel moment il peut changer de langue. Cette sensibilité accrue à la situation d'interaction se manifeste par une grande attention prêtée aux besoins de l'interlocuteur, à une perception plus fine des indices verbaux et non verbaux d'une communication.

Pour finir, il ne faut pas oublier que le bilinguisme, ressenti de manière positive, améliore l'estime de soi de l'enfant et joue un rôle essentiel dans la construction de l'identité.

La « période critique » pour apprendre une seconde langue

Les individus bilingues de « naissance » (du fait de parents leur parlant deux langues différentes) représentent dans le monde une minorité par rapport au nombre important de personnes apprenant une seconde langue après avoir acquis ne serait-ce que les rudiments de leur langue maternelle. Nous savons que l'accès au langage est inscrit dans nos gènes et que tout être humain apprend à parler à condition d'être mis en contact avec d'autres êtres parlants. Dans un chapitre précédent nous avons vu que le dispositif inné, nommé grammaire universelle, permet à l'enfant de construire le langage de manière intuitive.

Quand on compare les compétences d'adultes ayant appris une seconde langue tardivement avec celles d'enfants apprenant leur langue maternelle, on constate une différence importante en faveur des enfants. C'est pourquoi on a pensé pouvoir affirmer qu'il existe une différence fondamentale entre les stratégies d'apprentissage de l'enfant et celles de l'adulte. Selon certains

21. *Ibid.*, p. 153.

spécialistes, l'apprentissage d'une seconde langue à l'âge adulte se fait grâce à des stratégies plus générales du type résolution de problèmes, alors que les jeunes enfants ont des capacités innées pour acquérir leur première langue. La grammaire universelle serait remplacée, chez l'adulte, par les connaissances de la grammaire de la langue maternelle, grâce à laquelle il apprend la seconde langue. La grammaire de la première langue serait donc un « ersatz » de la grammaire universelle qui assurera une approximation de la compétence linguistique d'un locuteur natif[22]. Cela expliquerait pourquoi un adulte n'apprendra jamais une seconde langue comme celui qui l'apprend à sa naissance.

Bien que certains adultes atteignent un niveau quasi parfait dans la seconde langue, la majorité développe celle-ci insuffisamment au niveau grammatical et phonologique (prononciation et accentuation). Et cela même à temps d'exposition égal avec un enfant apprenant à parler sa langue maternelle. On doit donc supposer que la possibilité d'apprendre une seconde langue aussi bien que sa langue maternelle est limitée dans le temps. S'il existe une période sensible pendant laquelle la réceptivité pour le langage est plus grande, nous pouvons penser que cette période est aussi favorable à l'acquisition d'une seconde langue. Si une telle période existe, cela signifierait que, pour accéder au bilinguisme, la seconde langue ne peut être acquise que pendant une période limitée, pour laquelle la question de la durée se pose.

Il y a une trentaine d'années, des chercheurs affirmaient que la facilité d'apprentissage des enfants était due à la plus grande plasticité de leur cerveau. On sait que la maturation du cerveau de l'enfant se poursuit pendant de longues années ; la latéralisation[23] du cerveau, par exemple, a lieu durant l'enfance. La facilité d'apprentissage serait par conséquent liée à des conditions de maturation du cerveau. Se fondant sur ces observations neuropsychologiques, le linguiste E. H. Lenneberg conclut que

22. R. Bley-Vroman, « What is the logical problem of foreign language learning ? », dans S. M. Gass et J. Schachter (eds.), *Linguistic Perspectives on Second Language Acquisition*, Cambridge University Press, New York, 1989, p. 41-68.
23. La latéralisation est la spécialisation progressive, au cours de la petite enfance, de chacun des hémisphères du cerveau dans leurs fonctions respectives.

la période propice à l'acquisition du langage va de la naissance à la puberté[24]. Cette hypothèse implique qu'au-delà de cette période critique toute acquisition d'une langue, soit-elle maternelle ou seconde, sera qualitativement incomplète par rapport à celle acquise durant la petite enfance. Elle implique aussi que jusqu'à la puberté l'enfant peut acquérir une seconde langue de manière intuitive et atteindre les mêmes performances que dans sa langue maternelle. L'hypothèse de la période critique a été largement reprise pour insister sur l'importance de l'introduction d'une seconde langue avant 12 ans, âge au-delà duquel l'apprentissage serait une tâche ardue et un bilinguisme satisfaisant deviendrait impossible.

Pourtant, dès sa publication, l'hypothèse d'une période critique déterminée biologiquement était controversée. Les cas d'« enfants sauvages » ayant appris à parler tardivement semblent contredire l'idée d'un accès impossible à la grammaire universelle au-delà d'un certain âge. Nous avons vu le cas de Genie, qui a commencé à apprendre à parler à 13 ans. Certes, elle progressait lentement et elle n'a jamais dépassé le niveau de langage d'un enfant de 2 ans, mais son cas montre qu'une acquisition du langage est encore possible après la puberté. Qui plus est, hormis le fait que ces cas sont trop rares pour en déduire une règle générale, on ne doit pas négliger l'impact que pourrait avoir eu la maltraitance sur le développement cognitif et affectif général de Genie comme des autres enfants. Ces cas ont incité d'autres chercheurs à parler d'une période « sensible » plutôt que « critique », c'est-à-dire une période particulièrement favorable à l'acquisition du langage.

L'idée de l'existence d'une seule période sensible allant jusqu'à la puberté est aujourd'hui pratiquement abandonnée. Les résultats des nombreuses études qui s'intéressent à cette question montrent que la limite ne peut pas être placée aussi clairement. Lors d'une étude américaine d'envergure[25], on a comparé les

24. E. H. Lenneberg. *Biological Foundations of Language*, Wiley, New York, 1967.
25. E. Bialystok et K. Hakuta, « Critical evidence : a test of the critical period hypothesis for second language acquisition », *Psychological Science*, vol. 14, n° 1, 2003, p. 31-38.

performances linguistiques en anglais d'un vaste échantillon d'immigrants d'origine mexicaine et chinoise en fonction de leur âge d'arrivée et donc du début de l'apprentissage de l'anglais. Les chercheurs n'ont pas constaté de déclin rapide des performances après l'âge de 12-15 ans : l'existence d'une période sensible qui irait jusqu'à la puberté n'est donc pas démontrée. Le seul constat qu'ait permis cette étude est celui d'un déclin constant des performances en seconde langue à mesure que l'âge du début de l'apprentissage augmente. « Le plus tôt est le mieux » pourrait être la quintessence de cette étude.

Une autre recherche américaine[26] a tenté de déterminer la période durant laquelle une seconde langue peut être acquise avec les mêmes performances qu'une langue maternelle. On a comparé les compétences grammaticales d'adultes natifs américains et d'adultes ayant appris l'anglais comme seconde langue. Ceux-ci avaient commencé à l'apprendre entre 3 et 39 ans. Un premier résultat montrait que plus l'apprentissage de l'anglais débutait tardivement, moins les performances égalaient la langue maternelle. Plus important encore, les performances linguistiques les plus faibles étaient constatées chez les individus ayant commencé à apprendre la seconde langue entre 8 et 10 ans, alors que les sujets ayant appris l'anglais avant 7 ans ne montraient pas de différence dans leur comportement langagier avec les locuteurs dont l'anglais était la langue maternelle.

À l'analyse des études autour de la période sensible, il s'avère que les résultats changent en fonction des performances comparées. C'est pourquoi la recherche se prononce aujourd'hui plutôt en faveur de plusieurs étapes au cours du développement de l'enfant, qui chacune serait propice à certaines aptitudes linguistiques. Les différents éléments qui constituent une langue, comme la phonologie (qui détermine la prononciation et l'accent), la grammaire, le lexique (le répertoire des mots), auraient différentes durées de sensibilité. Une première limite peut être fixée entre 5 et 7 ans, âge au-delà duquel on a trouvé des interférences,

26. E. Newport, « Maturational constraints on language learning », *Cognition*, 14, 1990, p. 11-29.

au niveau phonologique, entre la langue maternelle et la seconde langue. Avant 7 ans une acquisition intuitive semble encore possible et, à condition que le bain linguistique soit suffisant, la compétence en seconde langue se rapprochera de celle d'une langue maternelle. Si bien que l'on considérait jusqu'à récemment comme locuteur natif toute personne ayant acquis une langue avant l'âge de 7 ans[27].

Une étude plus récente[28] va encore plus loin. Grâce à l'IRMf elle a constaté que la fixation des circuits neuronaux sur une langue déterminée (la langue maternelle) est réversible jusqu'à 8 ans. C'est ce qu'a pu montrer l'étude de jeunes adultes d'origine coréenne qui avaient été adoptés par des familles françaises entre 3 et 8 ans. On a étudié l'activité de leur cerveau à l'écoute de phrases en différentes langues étrangères, dont le coréen. À l'écoute du coréen, l'IRMf n'a révélé aucune trace d'activité correspondant à la reconnaissance d'une langue familière. À l'écoute du français par contre, leur cerveau réagissait comme pour les locuteurs de langue maternelle française. Selon les chercheurs, c'est la preuve qu'un enfant qui se trouverait dans la situation exceptionnelle (comme lors d'une adoption) de devoir abandonner sa langue maternelle et d'apprendre une nouvelle langue entre 3 et 8 ans est capable d'acquérir cette seconde langue comme si c'était sa langue maternelle.

Tout se joue-t-il avant 6 ans ?

L'idée d'une période critique a eu comme conséquence la représentation des compétences d'apprentissage comme une fenêtre entrouverte pendant une période restreinte, se fermant inexorablement après celle-ci. Il y aurait par conséquent urgence à exploiter les capacités du jeune enfant d'apprendre une

---

27. N. Francis, « Maturational constraints in language one and language two: a second look at the research on critical periods », *Bilingual Research Journal*, vol. 23, n° 4, 1999.
28. C. Pallier *et al.*, « Brain imaging of language plasticity in adopted adults: can a second language replace the first? », *Cerebral Cortex*, vol. 13, n° 2, 2003, p. 155-161.

seconde langue avant que celles-ci ne disparaissent à jamais. Les idées reçues quant à l'âge plus ou moins précoce favorable à l'introduction d'une seconde langue sont largement répandues dans l'opinion publique et dans le milieu des professionnels. À l'instar de ce conseil donné par une orthophoniste : « L'âge idéal, pour commencer l'apprentissage d'une autre langue, se situe vers 4 ans. Le premier système linguistique sera alors suffisamment installé pour éviter la "pollution" d'une langue par l'autre[29]. » D'autres insistent pour un apprentissage avant 4 ans ou après 5 ans pour des raisons semblables.

La représentation d'une fenêtre entrouverte qui se fermerait définitivement après l'enfance, si elle est entretenue, a des effets négatifs dans tous les domaines. Elle renforce l'opinion négative de certains adultes quant à leurs propres aptitudes à apprendre une langue étrangère et elle pourrait apporter de l'eau au moulin des professeurs de langues vivantes quant aux capacités limitées des élèves de plus de 12 ans à apprendre une langue étrangère. D'autre part, en entretenant le mythe des apprentissages précoces, on risque de donner trop d'importance au « quand » de l'apprentissage au détriment du « comment ».

D'UNE LANGUE À L'AUTRE

« Je suis né en Russie, dans un environnement russophone. Quand j'étais enfant, ma sœur m'enseignait la poésie de Pouchkine et Lermontov. À 4 ans je récitais la poésie de Pouchkine et Lermontov pour amuser l'auditoire. Quand j'avais 5 ans, nous sommes partis en Pologne, puis en Allemagne. À cette époque j'ai compris que le russe appartenait déjà au passé, mais je n'avais pas d'autre langue. En Pologne je n'avais pas trouvé utile d'apprendre le polonais. En Allemagne, j'ai appris l'allemand à l'école. Mais je savais qu'on quitterait l'Allemagne. J'ai appris la langue allemande, elle me semblait une étape. J'avais 8 ans quand nous sommes arrivés à Haïfa. Aussitôt je me suis lancé à fond dans l'hébreu… J'ai fait d'instinct ce qui me semblait nécessaire. Après un an et demi, mon hébreu était devenu naturel et fort et le russe était parti. Je le comprenais encore

29. Témoignage recueilli sur un forum de discussion.

un peu, mais je ne voulais plus, ne savais plus le parler... Le russe n'avait pas simplement disparu : du moment où j'ai voulu pénétrer l'hébreu et écrire, où j'ai eu cette idée-là, j'ai dû assassiner la langue russe, l'éliminer, car elle faisait obstacle, elle, la langue maternelle. Le russe menaçait ma capacité d'écrire. Je fus donc très violent à son encontre, je l'ai éliminé, et je suis resté avec l'hébreu. Bien plus tard j'ai réalisé que, malgré tout, quelque chose du russe est resté. Il est resté la musique de la poésie de Pouchkine et Lermontov dans ma propre poésie. Je ne m'en suis aperçu que bien plus tard, j'avais les mêmes rythmes. Je ne les ai pas appris, ils étaient simplement là. » Meir Wieseltier, poète, Israël[30].

Bien sûr, pour la majorité des adultes, l'apprentissage d'une langue étrangère demande un effort certain avec des résultats peu satisfaisants, mais environ 5 % d'entre eux dérogent à cette règle, et leur maîtrise de la seconde langue égale celle de la langue maternelle. Certains, comme Samuel Beckett ou Vladimir Nabokov, sont même devenus des maîtres de la langue – française pour l'un, anglaise pour l'autre – dans laquelle ils ont écrit leurs œuvres littéraires. Ces cas nous montrent qu'il n'y a pas lieu de désespérer pour les millions d'individus qui n'ont pas eu l'opportunité d'être exposés à une seconde langue dans la petite enfance.

Adolescents et adultes ont même un certain avantage au début de l'apprentissage formel de la seconde langue. Ils progressent plus vite que le jeune enfant dans l'acquisition des compétences de communication basiques, constat qui a apporté un argument de taille aux spécialistes réfutant l'existence d'une période critique. Nous y reviendrons dans un chapitre ultérieur.

30. Extrait d'interview, Nurith Aviv, « Misafa, Lesafa. D'une langue à l'autre », documentaire, Productions Swan, ZDF/ Arte, 2004.

Bilinguisme et identité culturelle

> « Die Grenzen meiner Sprache sind die Grenzen meiner Welt[31]. »
>
> Ludwig Wittgenstein.

La langue forme la culture qui forme la langue

Contrairement aux langues mortes telles que le latin ou le grec ancien, une langue vivante n'a pas de raison d'être sans l'interaction avec autrui. C'est dans ces interactions, dans les situations de communication, que la langue évolue, prenant l'empreinte culturelle de la famille, des amis, du groupe social dans lequel elle est utilisée. Certes, on peut apprendre une langue loin du pays où elle est parlée, dans les livres et en laboratoire de langues. On aura ainsi accès à la littérature, aux médias écrits du pays où elle est parlée. Mais la langue ainsi apprise n'évoluera pas, elle restera figée car il lui manque le contact avec les locuteurs natifs.

La langue est un élément constituant de la culture et en même temps vecteur de celle-ci. Par culture nous entendons cet ensemble de pratiques, habitudes, traditions qui caractérisent une société ou un groupe social. Chaque individu appartient à un groupe avec qui il partage la même culture et souvent la même langue.

Ce qui caractérise un groupe, c'est une manière de vivre, d'établir des relations avec les autres, c'est aussi une manière de parler. Une langue ne peut pas exister par elle-même, elle est liée au social, elle est ce qui nous relie aux autres. Parler une langue signifie se référer à une vision du monde, puiser dans le fond commun des significations données au monde par une communauté linguistique. S'approprier une autre langue, la langue de l'Autre, donne accès à une autre vision du monde. Comme le disait Georg Christoph Lichtenberg, un contemporain de Voltaire, « connaître une langue à fond, cela signifie connaître à fond le peuple qui la parle ».

31. « Les limites de ma langue sont les limites de mon monde. »

C'est pourquoi il ne suffit pas, pour comprendre le phénomène du bilinguisme, de s'interroger sur les mécanismes biologiques de l'acquisition du langage, mais il faut s'intéresser aussi à ce que représente une langue, à la nature des liens sociaux qu'elle crée et entretient.

Que représente une langue ?

Une langue est liée aux souvenirs d'enfance, aux parents et grands-parents, à l'histoire de la famille ; elle fait partie de l'identité d'une personne, elle est le pivot de son identité culturelle. La langue est liée aussi à un lieu géographique, une région, un pays, une unité politique, une nation, dont elle est représentative.

——— LANGUE ET IDENTITÉ

« Quant au niveau de bilinguisme de mon fils (7 ans), je suis beaucoup plus confiante maintenant que je ne l'étais voilà quelques années. Vu son niveau de français actuellement, j'ai décidé de lui faire confiance, je pense que les bases sont acquises. Encore une fois, il ne s'agit pas seulement de parler une langue, mais de savoir d'où on vient, de connaître une partie de soi qui est culturellement différente du pays où l'on vit pour l'instant. En maîtrisant le français, mon fils sera en mesure d'acquérir un sens de soi, de son identité, de ses racines... Le français fait partie de lui, au moins pour 50 % et ça n'est pas rien, quand même ! »

Ainsi l'anglais (ou plutôt l'anglo-américain) est emblématique des États-Unis et synonyme de puissance économique. Comme la puissance induit le respect des autres, la langue d'un pays puissant est une langue respectable, sa maîtrise est enviable car elle nous permet de prendre part à la puissance de l'autre. Une langue porte aussi les traces de l'Histoire, elle est admirée ou dédaignée en fonction des faits ou méfaits dont se sont distingués ses locuteurs dans le passé. Le rôle joué par l'Allemagne durant la première moitié du siècle dernier a certainement eu un impact sur des générations d'élèves aux prises avec les aspérités de sa langue.

Un signe d'appartenance

La langue est en quelque sorte l'outil par lequel s'exprime la culture, elle est aussi forgée par la culture. Elle a une fonction sociale dans la mesure où elle permet d'établir le contact avec les autres membres du groupe ; la manière d'entrer en contact et de maintenir le lien est influencée par la culture. Ainsi, les formules de salutation sont spécifiques à chaque langue, mais il ne suffit pas de savoir dire « bonjour », encore faut-il maîtriser les gestes qui accompagnent la formule. La subtilité des différentes formules de salutation « à la française » (bise ou poignée de main ?) reste longtemps un mystère pour tout nouveau venu des pays nordiques qui admet difficilement cette trop grande proximité avec son interlocuteur. En parlant la langue d'un groupe et en se conformant aux pratiques culturelles, on est reconnu par ses membres comme un des leurs. On se définit par son appartenance linguistique ou on se trahit par son accent ; la langue fait partie de notre identité culturelle. L'enfant, en grandissant, fait siennes les normes et les valeurs véhiculées par son entourage et, en même temps que la langue, il acquiert les pratiques culturelles qui accompagnent celle-ci. L'enfant bilingue acquiert les pratiques culturelles, la manière de vivre, de parler, de deux communautés linguistiques. Il saura par exemple se comporter « comme un Anglais » avec des Anglais et « comme un Allemand » avec des Allemands. Tout comme il sait qu'un objet peut avoir différents noms, il saura qu'il existe différentes formes de salutations, différentes manières de se tenir en société. La langue est comme un prisme à travers lequel on voit le monde et avec l'aide duquel on se comporte dans le monde. L'enfant qui grandit avec deux langues et est en contact avec deux communautés linguistiques découvre très tôt que les visions du monde sont toutes relatives. Il a une conscience des différences culturelles que n'a pas forcément le monolingue.

VIVRE SA DOUBLE APPARTENANCE

« Je suis incapable de dire si je suis française ou allemande. En gros, je me sens française en Allemagne et allemande en France. Mais, en même temps, je ne me sens étrangère ni en France ni en Allemagne. Ça ne me pose pas trop de problèmes, sauf quand il y a une coupe du monde de football. Ce n'est pas très clair, je sais, mais c'est assez indescriptible. »

Ces différences culturelles ne sont pas évidentes de prime abord et chaque situation apporte son lot d'erreurs et d'apprentissage, à l'instar de Thomas, récemment rentré des États-Unis avec ses parents. Il fréquente la sixième d'un collège parisien, c'est sa première expérience scolaire en France. Un jour, habitué à une grande liberté de mouvement dans son ancienne école aux États-Unis, il se lève en plein cours de mathématiques et sort tout naturellement pour aller aux toilettes. Son comportement est jugé inadmissible par le professeur et Thomas est puni d'une heure de retenue. Thomas a ainsi vécu son premier choc culturel, alors qu'il maîtrise parfaitement la langue française.

L'enfant apprend les différences culturelles « en situation », car ces pratiques ne se vivent qu'en groupe. Une mère ou un père seuls peuvent difficilement transmettre toute l'étendue des pratiques de leur pays. La culture n'a de sens qu'en compagnie d'autres représentants de la communauté. La manière de se tenir en société est intégrée très tôt par l'enfant, comme montre l'exemple de cette petite fille de 4 ans à qui le pédiatre tendait la main en guise de salutation. Elle repoussa sa main et, d'un ton indigné, lui apprit qu'« on ne donne pas la main à une fille, on fait un bisou ».

Rencontre du « troisième type »

Babette est française, mariée à un Allemand. Le couple vit à Londres avec une fillette de 6 ans. Celle-ci grandit avec trois langues, mais ce qui inquiète la mère est la question de l'appartenance culturelle : « J'ai peur que Paula ne devienne une enfant sans culture propre. Elle me parle français, se tourne vers son père pour communiquer en allemand et si vous êtes anglophone, elle vous parlera en anglais. Au niveau de la langue aucun problème *a priori*... Mais comment se sentira-t-elle, quelles seront ses vraies racines, sa vraie culture ? » Liliane, française, ressent la même inquiétude. Elle vit avec son mari chilien aux Pays-Bas. Leurs enfants y sont nés, ils fréquentent l'école française et la langue de communication de la famille est le français. La famille s'apprête à partir pour le Chili pour deux ans. Le problème de Liliane est que « les enfants parleront la langue d'un pays dans lequel ils n'auront jamais vécu ! Parfois j'ai peur pour eux : est-ce qu'ils vont se sentir à l'aise partout ou nulle part ? »

C'est la question inquiétante que se posent de nombreux couples mixtes ou expatriés qui, eux, ont grandi avec une seule langue et une seule culture. La peur de n'être plus soi-même, d'être happé par la culture de la majorité pousse souvent les parents expatriés à s'agripper solidement aux normes et valeurs qu'ils pensent être en vigueur dans leur pays d'origine. « Vivant en Allemagne, j'avais l'impression que j'avais quelque chose de très précieux à préserver à tout prix : ma langue et ma culture françaises. Je faisais tout pour que ma fille apprenne ma langue et baigne dans ma culture, autrement j'aurais eu l'impression d'être comme aliénée », témoigne Ève, maman d'un enfant de 18 mois, de retour en France. Pourtant, ce qu'on pense être la culture d'« origine » est déjà influencé par les habitudes et coutumes du pays d'accueil. Toute personne vivant en contact avec une autre culture passe par ce processus d'adaptation que l'anthropologue Claude Lévi-Strauss appelle le « bricolage culturel[32] ». L'individu se « bricole » une culture en abandonnant certaines pratiques, en en adoptant d'autres de la nouvelle culture ou en transformant certaines de ses pratiques pour qu'elles « collent » avec la nouvelle culture.

UNE ENFANCE SANS FRONTIÈRES

« Je suis bilingue allemand-francais. Je me souviens, ma mère me parlait en allemand et mon père en français et puis c'est venu naturellement. Je trouve que cela aide non seulement à apprendre d'autres langues plus facilement et surtout à avoir une bonne oreille pour les accents, mais le fait de posséder deux cultures nous

32. C. Lévi-Strauss, *Anthropologie structurale*, Plon, Paris, 1968.

ouvre aussi l'esprit : n'étant ni vraiment d'une nationalité, ni de l'autre, on n'est pas embrigadé dans une façon de penser. Au moment de l'adolescence, c'est vrai que, pour un enfant bilingue, il est dur de se trouver des repères vis-à-vis de son origine, mais je vous assure que cela en vaut la peine. »

Les enfants socialisées dans le pays d'accueil – par l'école, par les pairs – ont accès aux pratiques culturelles du pays en plus de celles de leurs parents. C'est pourquoi ils se construisent une identité culturelle différente de celle de leurs parents et différente de celle du pays où ils vivent. Leur culture, leur identité culturelle, est le produit du « bricolage » de deux cultures, ils sont ce que les Anglo-Saxons appellent les « third-culture kids[33] », les enfants d'une troisième culture.

De la même manière, dans une famille où le père et la mère ont des origines linguistiques et culturelles différentes, l'enfant ne sera pas un représentant typique de la culture A (du père) ou de la culture B (de la mère), sa culture sera une composition particulière de A et B. Si les deux parents vivent dans un troisième pays, l'identité culturelle de l'enfant sera l'effet d'une négociation entre trois cultures, A, B, et C.

Une identité multiculturelle

La réponse à la question de la « vraie culture » est peut-être décevante pour un parent expatrié : ses enfants n'ont ni la culture de leur père, ni celle de leur mère, ni celle du pays où ils vivent, mais une culture spécifique, celle des individus multiculturels. L'enfant multiculturel est à l'aise dans l'une et l'autre culture, mais il n'est pas réellement reconnu par les « puristes » comme l'un des leurs dans chacune des communautés. Il sera toujours un peu différent, ici et ailleurs, car il aura connu un ailleurs.

Les parents ont souvent des difficultés à accepter cette différence de leurs enfants par rapport à leur propre identité culturelle

33. D. C. Pollock et R. E. Van Reken, *Third-Culture Kids : The Experience of Growing up among Worlds*, Nicholas Brealey Publishing/Intercultural Press, Boston, 2001.

et linguistique. Leur enfant grandit dans un univers qui n'est pas le leur, il est donc forcément imprégné plus profondément que ses parents par la culture de la société environnante, et ce indépendamment de ses compétences bilingues. Fait intéressant, l'identification à la culture d'une communauté ou d'un groupe peut se faire aussi sans que l'enfant ait une compétence bilingue, parfois la langue revêt juste une valeur symbolique. Il a été démontré que de nombreux adolescents de parents immigrés gardent un lien affectif avec la langue de leurs parents. Sans la maîtriser réellement, ils parlent de leur « langue maternelle », exprimant en même temps le souhait de la parler « un jour[34] ».

UN CADEAU POUR LA VIE

« Moi, j'envie la richesse naturelle et héréditaire des bilingues, car eux, presque sans effort, ils ont deux langues, donc deux encyclopédies, deux canaux radio dans leur tête, deux fois plus de mots et de mélodies. Leur esprit est bel et bien tourné vers l'extérieur, vers l'inconnu, il est déjà ouvert à de nouvelles langues, curieux de tout et des nouvelles sonorités, c'est un cadeau merveilleux que de pouvoir offrir ce kit "deux langues-deux cultures" pour la vie. »

Les enfants bilingues et biculturels sont à l'interface – pour utiliser un terme à la mode – entre deux pays et deux groupes culturels et linguistiques, ils sont médiateurs par essence. Le fait de pouvoir se référer à deux communautés linguistiques et culturelles influence leur vision de ces communautés.

De nombreuses recherches ont montré que les enfants bilingues ont des attitudes moins tranchées vis-à-vis de personnes appartenant à une autre communauté. Dans une étude maintes fois reprise, une équipe canadienne[35] a enregistré la lecture d'un texte par six personnes parfaitement bilingues français-anglais. Chaque personne devait lire le texte une première fois en

34. G. Vinsonneau, *Identité des jeunes en société inégalitaire, Perspectives cognitives et expérimentales*, L'Harmattan, Paris, 2001.

35. W. E. Lambert *et al.*, « Evaluational reactions to spoken language », *Journal of Abnormal and Social Psychology*, 60, 1960, p. 44-51.

anglais, puis en français. On a fait écouter ces enregistrements à des enfants anglophones, francophones et bilingues. Ils devaient juger les personnes – sur le seul critère de la voix enregistrée – selon certaines caractéristiques : la gentillesse, l'intelligence, l'aspect physique, entre autres. Les enfants ne savaient pas qu'ils jugeaient deux fois la même personne, une fois quand elle parlait en français et une autre fois en anglais. On a constaté que les enfants bilingues franco-anglais évaluaient de manière beaucoup moins tranchée les deux langues et les deux communautés que leurs camarades monolingues.

Les enfants bilingues et biculturels d'aujourd'hui seraient-ils les adultes tolérants et ouverts à la différence de la société de demain ?

Le bilinguisme comme « langue maternelle »

La mobilité grandissante des personnes à travers le monde a eu pour résultat une multiplication des situations de contact des langues. Que ce soit par nécessité économique, par choix personnel ou professionnel, des familles quittent leur pays d'origine pour s'installer temporairement – ou définitivement – ailleurs. Les enfants doivent suivre le mouvement et affronter un nouvel environnement, un nouveau style de vie, une nouvelle langue. Bien entendu, plus l'enfant est jeune et plus l'adaptation sera facile, au point où, après quelques mois, il sera impossible à quiconque de distinguer la première langue acquise depuis la naissance de la seconde, apprise à l'école maternelle.

Dans une telle situation, le statut de la langue maternelle unique est remis en question. Comme en témoigne cette jeune femme : « Je suis née en France, mon père est anglais, ma mère est espagnole. Mon père ne m'a pas parlé anglais, car mes parents se sont séparés quand j'avais 1 an. Par contre, ma mère m'a parlé espagnol jusqu'à mes 3 ans. Avec ma scolarisation en France, je n'ai plus voulu parler espagnol avec ma mère. J'ai grandi en France et je parle français avec ma mère. Mais je suis toujours bilingue français-espagnol et j'ai amélioré mon niveau d'espagnol en faisant des études de littérature. Mais je me suis toujours sentie beaucoup plus à l'aise avec le français que l'espagnol. J'aimerais bien savoir quelle est ma langue maternelle. »

Voilà bien le point qui intrigue l'entourage monolingue et une question qui taraude les monolingues aussi bien que les bilingues : quelle est la langue maternelle d'un enfant qui naît dans une famille où deux voire trois langues sont utilisées quotidiennement ? Cet enfant a-t-il une langue de la mère, maternelle, et une langue du père, paternelle ? Quel est le poids, quel est le rôle de la langue paternelle et laquelle des langues définit l'appartenance de l'enfant, bref, où sont ses « racines » ?

Dès que l'enfant a l'âge de fréquenter l'école maternelle, sa socialisation se poursuit dans une large mesure en dehors de la famille et la langue de l'école occupera une place essentielle dans sa vie. Il arrive fréquemment que la langue de l'école – et du pays – devienne dominante par rapport à la langue (aux langues) de la famille. Les jeux d'enfants, les mille petites aventures et émotions vécues à l'école seront liés à tout jamais à cette langue. Ainsi, cette seconde (ou troisième) langue aura une forte valeur affective, au point que des adultes bilingues ont du mal à répondre à la question de leur langue maternelle. Felipe est né en France de parents espagnols. « Ma première langue était l'espagnol, dit-il, mais le français est la langue dans laquelle je suis le plus à l'aise et où je me sens vraiment moi-même. »

Le mythe de la langue maternelle, unique et unifiante, est un argument des monolingues tentant en vain de « classer » les bilingues dans une des catégories courantes selon le schéma suivant : toutes les personnes parlant la langue A sont des A et toutes les personnes parlant la langue B sont des B. Si un bilingue pouvait désigner clairement sa langue maternelle, il serait alors « catégorisable » selon les méthodes convenues. Mais il faut bien se rendre à l'évidence qu'un bilingue (ou un trilingue) précoce ne peut pas départager ses premières langues. Il entretient un lien affectif de puissance égale avec ces langues qu'il a entendues et parlées depuis son enfance, au point que, pour certains, le bilinguisme (ou le trilinguisme) est sa « langue maternelle » !

3

De la naissance à 3 ans, le bilinguisme précoce simultané

> « Everyone dreams of being bilingual, but I would have never imagined that it would be this difficult[1]. »

Le développement du langage

De la perception à la production

Des parents se penchent sur le berceau d'un bébé, nous l'appellerons Alexander. Le père lui dit à l'oreille : « Mein Süsser », la mère renchérit : « Mon petit lapin. » Des mots doux susurrés à l'oreille du bébé, comme le font tous les parents du monde avec tous les bébés du monde, à cette différence près que le petit Alexander va grandir et construire son langage à partir de deux systèmes linguistiques distincts.

Ainsi se construit le bilinguisme le plus naturel : le bilinguisme précoce simultané. La naissance d'un bébé chez un couple mixte – chaque parent ayant une langue maternelle différente – est

1. « Tout le monde rêve d'être bilingue, mais je n'aurais jamais imaginé que ce soit aussi difficile » (forum de www.enfantsbilingues.com).

souvent entourée d'une aura de méfiance, parfois dissimulée derrière une admiration exagérée. Malgré cela de plus en plus de couples souhaitent transmettre deux langues à leurs enfants, non sans se poser des questions sur la meilleure manière de procéder.

Bien que la recherche dans le domaine de la perception du langage des enfants en milieu bilingue n'en soit qu'à ses débuts, il semble évident que l'introduction d'une seconde langue dans le système perceptif de l'enfant entraîne naturellement un élargissement de ses capacités perceptives pour que davantage de contrastes phonétiques (de sons articulés) puissent être distingués. Autrement dit, un enfant évoluant dans un environnement linguistique qui comprend le français, le russe et l'allemand sait distinguer plus de sons qu'un enfant en milieu monolingue francophone. Récemment, une équipe espagnole[2] a montré que les bébés de 4 mois de milieu bilingue espagnol-catalan reconnaissent leurs deux langues maternelles parmi d'autres langues. Mais l'étude a révélé également un comportement étonnant des bébés face à une langue qui leur est inconnue, comme l'anglais ou l'italien : ils réagissent plus vite à la présentation de phrases dans la langue inconnue. Les auteurs interprètent ce comportement comme une plus grande difficulté des bébés face à deux langues phonologiquement très proches. Différencier leurs langues maternelles des sonorités d'une langue jamais entendue auparavant semble être plus facile – ou plus intéressant – pour ces bébés que de dissocier les sonorités de leurs deux langues qui se ressemblent beaucoup.

La construction du premier lexique chez l'enfant bilingue

Si, dans l'environnement du bébé, deux langues sont présentes régulièrement, comment va-t-il alors construire son premier répertoire de mots, son lexique ? Va-t-il répartir les mots entre les deux langues ? Dans ce cas, une comparaison avec des enfants monolingues de même âge le désavantagerait,

2. Citée par R. Bijeljac, « Acquisition de la phonologie et bilinguisme précoce », dans M. Kail et M. Fayol, *L'Acquisition du langage. Le langage en émergence, de la naissance à trois ans*, PUF, Paris, 2000.

car il ne posséderait, dans l'une et l'autre langue, qu'une partie du vocabulaire qu'on pourrait attendre d'un enfant de son âge. Une autre possibilité serait que l'enfant procède par étapes en construisant d'abord le répertoire d'une langue et ensuite celui de la seconde, auquel cas il faudrait admettre qu'il ait toujours un « retard » dans une des langues.

La réponse à ces interrogations devra nous donner des arguments pour répondre aux critiques du bilinguisme précoce. Les arguments de confusion, de retard et de mélange des langues sont encore bien présents dans notre société où le monolinguisme est la norme et où le développement langagier monolingue sert de modèle aux parents comme aux professionnels de la petite enfance.

Dans le chapitre sur le développement du langage des enfants, nous avons vu que le développement du premier lexique est lent, et que quatre à cinq mois sont nécessaire pour que les enfants sachent produire une cinquantaine de mots. Ces grandes tendances de développement sont valables pour tous les enfants. Nous avons vu aussi que les premières productions de mots reconnaissables sont fortement influencées par la nature de la langue environnante, ce qui signifie que la nature des premiers mots est différente selon que cette acquisition se fait en chinois, en français ou en anglais.

Ces dernières découvertes font apparaître les inégalités lexicales (du répertoire des mots) chez les enfants bilingues précoces sous une lumière différente. Les différences dans la manière d'acquisition d'une langue en fonction de la structure de celle-ci auront un impact sur le premier lexique de l'enfant bilingue. Il ne possédera pas au même moment les mêmes catégories lexicales dans chacune de ses langues. Selon le schéma de développement du lexique – par exemple plus de noms d'objets en anglais, plus de verbes en français –, un enfant en milieu franco-anglais n'apprendra pas les mêmes mots dans ses deux langues en même temps. Il y a de fortes chances qu'il produise des « tiens », « regarde » et « donne » avant d'utiliser leur équivalent en anglais, langue dans laquelle il enrichira d'abord son répertoire de noms d'objets.

C'est une des raisons pour lesquelles il est imprudent de comparer les compétences langagières d'enfants vivant dans un environnement de langues différentes, au risque de diagnostiquer des « retards » de langage là où il s'agit d'un développement logique selon les propriétés structurelles de chaque langue.

Quand on compare le vocabulaire des enfants bilingues à celui des monolingues de même âge, la différence est évidente : évalué séparément dans l'une ou l'autre langue, il ne correspond pas en nombre à celui des enfants monolingues. L'enfant bilingue atteindra le stade des cinquante mots (la première étape importante) vers 18 mois, tout comme l'enfant monolingue, avec cette particularité que son répertoire sera composé de mots des deux langues. Susan Quay, une linguiste américaine[3], a analysé le premier vocabulaire de sa fille Manuela. Celle-ci est élevée avec l'anglais et l'espagnol et possède, à 22 mois, un répertoire actif (c'est-à-dire les mots qu'elle produit) de trois cents mots. La moitié des mots sont anglais, un tiers des mots sont clairement identifiables comme espagnols, le reste ne peut pas être attribué clairement à l'une des langues puisque la prononciation n'est pas encore parfaite (quand un enfant dit « ba », il peut vouloir dire l'espagnol *balon* ou l'anglais *ball*).

L'exemple de Manuela fait apparaître quelques différences fondamentales entre les enfants monolingues et bilingues. Chez la majorité des enfants bilingues, les deux lexiques ne progressent pas de la même manière dans les deux langues.

Le rapide développement du lexique constaté autour de 18 mois chez la plupart des enfants s'observe aussi chez les enfants bilingues. Mais les deux langues ne se développent pas au même rythme.

La plupart des enfants apprennent de nouveaux mots par un effet de balancier : quand le lexique s'enrichit dans une langue, il semble stagner dans l'autre. Ce « retard » est parfois rattrapé un peu plus tard, mais très souvent un déséquilibre persiste entre les

3. S. Quay dans N. Sethuraman, *Literature Review on language acquisition of monolingual children, bilingual children, and second language learners*, University of California, San Diego for the Center for Educational Technology, Middlebury College, 1995.

deux lexiques. On constate souvent que l'explosion du vocabulaire a lieu plus tard dans l'autre langue, au moment d'un voyage dans le pays par exemple. Nous verrons plus tard l'importance de l'environnement pour le développement du vocabulaire.

L'évaluation du langage

Quand on tente d'évaluer le développement du langage des enfants bilingues on se heurte au fait qu'il n'existe pas de méthode adaptée à la particularité de la situation bilingue. Les tests utilisés actuellement pour mesurer les compétences langagières des jeunes bilingues ont été à l'origine élaborés pour des monolingues. En attendant des tests plus adaptés, on se contente d'évaluer les enfants bilingues dans chacune de leurs langues séparément. Ceci a permis de constater que le rythme de développement du langage est le même pour tous les bébés entre 8 et 30 mois, qu'ils soient bilingues ou monolingues[4], mais les similitudes s'arrêtent là.

Revenons à Manuela qui possède, à 22 mois, un répertoire de trois cents mots répartis entre ses deux langues, anglais et espagnol. Si l'on devait tester ses compétences langagières en anglais, les résultats seraient en dessous de ceux des enfants monolingues. Un tel résultat est incomplet car, occultant la compétence de l'enfant dans l'autre langue, il ne reflétera ni ses capacités langagières ni ses compétences communicatives réelles. En effet, tout test de langage « monolingue » entrepris avec un enfant bilingue révélera un déficit de langage par rapport à un enfant monolingue. C'est ce qui arrive aux enfants bilingues quand ils font leurs premiers pas à l'école maternelle. Deborah, une maman anglaise, est encore sous le choc des recommandations de l'institutrice qui lui a fortement suggéré de parler français avec sa fille de 2 ans et demi afin d'éviter de graves difficultés scolaires, son vocabulaire français étant « trop pauvre » ! Pour évaluer les compétences langagières de la fille de Deborah,

4. B. Z. Pearson *et al.*, dans L. Petitto, « Evaluating attributions of delay and confusion in young bilinguals : special insights from infants acquiring a signed and spoken language », *Sign Language Studies*, vol. 3, n° 1, 2002, p. 4-33.

il aurait fallu demander à cette mère de répertorier tous les mots de l'anglais et du français que sa fille sait prononcer avant de brandir le spectre de l'échec scolaire. Cette injonction est, bien entendu, valable pour toutes les langues – le wolof, le tchèque, le turc, l'allemand – parlées par les petits écoliers français.

Bien que la recherche ait démontré que les étapes de développement du langage sont identiques chez tous les enfants, il y a de grandes variations dans le rythme des acquisitions, à l'intérieur d'une même langue aussi bien qu'entre différentes langues. Chaque langue a ses propres domaines de complexité et d'irrégularité acquis plus lentement et d'autres domaines acquis rapidement. Le linguiste Dan Slobin[5], un des spécialistes du développement du langage, a testé des enfants de 2 à 4 ans parlant respectivement anglais, espagnol, hébreu, allemand ou turc. Cette étude interlangues permet de comparer les étapes de développement des langues entre elles. À 2 ans, les enfants parlant turc ont ainsi acquis les formes des seize déclinaisons (exprimant, par exemple, le complément d'objet direct) de cette langue, car elles sont régulières et déterminent le sens d'une phrase, alors qu'il n'y a pas de déclinaison en anglais. Les enfants apprenant l'anglais, devant se fonder sur la structure de la phrase, ont atteint le même niveau d'exactitude à 3 ans et demi seulement. Ces différences montrent encore une fois que la prudence s'impose quand il s'agit de jauger le niveau langagier d'un enfant bilingue.

Les conditions de contact avec les deux langues

La question de la quantité et la qualité du langage adressé aux enfants nous intéresse bien entendu particulièrement dans une situation de bilinguisme. En général, dans le cas du bilinguisme précoce, une des langues est dominante ou forte, l'un des parents étant plus présent auprès de l'enfant. Dans ce cas, la question qui nous tient à cœur est celle de savoir « combien » d'apport

5. D. Slobin (ed.), The Crosslinguistic Study of Language Acquisition, vol.1-2, Lawrence Erlbaum, Hillsdale, New Jersey, 1985.

linguistique est nécessaire dans la seconde langue pour qu'un enfant puisse produire des énoncés – expressions, phrases – dans celle-ci.

Il semble que durant les premières années d'acquisition la quantité d'énoncés entendus dans une langue est en corrélation avec la production dans celle-ci. Un enfant qui entend deux fois plus d'espagnol par sa mère que d'anglais par son père produira plus d'énoncés espagnols qu'anglais. C'est ce qu'a montré une équipe américaine[6] grâce à plusieurs études auprès d'enfants de 8 à 30 mois grandissant dans des familles hispano-américaines. Les enfants qui entendaient moins d'espagnol que d'anglais avaient un vocabulaire plus pauvre dans cette langue. Dans les études de cette équipe on a testé des enfants entendant les deux langues dans des proportions allant de 20 % dans une langue, 80 % dans l'autre et jusqu'à 60 % dans l'une et 40 % dans l'autre.

Dans une famille où l'un des parents travaille et l'autre garde l'enfant, la proportion du temps passé avec l'enfant par chaque parent est bien entendu inégale. Un apport langagier de 20 % correspondrait à la situation d'un père rentrant tard du travail chaque soir et passant très peu de temps en interaction directe avec son enfant. Bien entendu, ces proportions ne sont qu'une approximation, car il est certainement difficile de mesurer exactement le temps de parole passé avec un enfant.

Les auteurs de l'étude rapportent que les enfants entendant seulement 20 % d'espagnol chez eux refusaient de produire des mots dans cette langue dans les situations de jeu. Ce qui a mené l'équipe à conclure que des enfants avec un apport aussi minimal dans une seconde langue ne pouvaient pas être considérés comme bilingues.

Que concluons-nous de ces résultats ? Durant les premières années d'acquisition du langage et des deux langues, la quantité apportée dans chaque langue semble déterminer la capacité de parler cette langue. Bien entendu, comme nous l'avons vu, un enfant qui entend 80 % d'anglais et 20 % d'espagnol apprendra

---

6. B. Z. Pearson *et al.*, « Assessing lexical development in bilingual babies and toddlers », *International Journal of Bilingualism*, 2 (3), 1998.

à parler, puisqu'un minimum d'*input* (c'est-à-dire de contact avec la langue) est nécessaire pour déclencher l'acquisition du langage, mais l'acquisition du bilinguisme, donc de deux langues, nécessite un apport suffisant dans la seconde langue. Les auteurs des études citées vont plus loin. Ils écrivent : « Les résultats de ces études suggèrent que le répertoire actif de l'enfant bilingue dans chaque langue est une fraction de ce que l'enfant aurait appris s'il avait passé plus de temps avec les personnes parlant une des langues et non l'autre[7]. » Ils concèdent cependant que cela ne permet pas de prédire que le lexique actif (le vocabulaire utilisé) d'un enfant bilingue sera toujours une fraction de ce qu'il aurait appris s'il était monolingue, car tout au long du développement du langage (et de la vie) il y aura des moments où le « retard » dans une langue pourra être rattrapé.

UN BILINGUISME ÉQUILIBRÉ

« Je suis incapable de dire quelle langue mon fils (6 ans) a commencé à parler d'abord. J'ai l'impression qu'il a utilisé des mots dans les deux langues immédiatement, en fonction de ses interlocuteurs, sans jamais mélanger. Pour ce qui est du vocabulaire, nous veillons autant que possible à ce que tout mot appris dans une langue soit appris dans l'autre, histoire de maintenir l'équilibre si possible. Pas toujours évident, mais on y arrive. Au final, je pense qu'il a un vocabulaire relativement riche dans les deux langues, même s'il fait quelques fautes mineures par-ci par-là... comme un enfant de 6 ans ! »

Peut-on aider l'enfant à développer ses deux langues ?

Élever un enfant avec deux langues et réussir son bilinguisme, c'est-à-dire lui donner la possibilité d'utiliser deux langues régulièrement et à un niveau satisfaisant, est une entreprise longue qui demande vigilance et effort. N'oublions pas que quand on élève un enfant bilingue dans un pays monolingue, une des langues est en situation minoritaire, car parlée par une seule personne à l'intérieur de la famille, le parent « étranger ». Quand

7. *Ibid.* (traduction de l'auteur).

on décide d'élever son enfant en deux langues, le temps que chaque parent pourra investir dans cette éducation est important. Il n'est pas anodin de constater que les études principales sur le développement langagier d'enfants bilingues ont été menées par des hommes, linguistes, passionnés par leur métier et donc doublement motivés à investir du temps dans l'interaction avec leurs enfants. Une éducation bilingue est toujours un défi lancé au parent parlant la langue minoritaire ou faible (celle qui n'est pas parlée par la majorité, ni par le partenaire), car il s'agira d'aménager son emploi du temps pour investir suffisamment de temps dans la présence active auprès de l'enfant. Un bilinguisme équilibré, voire le bilinguisme tout court, est compromis dans de nombreuses familles où le parent « minoritaire » n'a que peu de contact avec l'enfant. Notons que le bilinguisme « prend » mieux dans des familles où le conjoint apprend la langue minoritaire, la valorise et la parle devant l'enfant ou à l'enfant[8]. Comme constate la linguiste Christine Deprez, il est évidemment plus courant pour un Français ou une Française d'apprendre l'anglais ou l'espagnol que le bambara ; la question de la réussite du bilinguisme rejoint donc ici celle du statut des langues dans la société française[9].

Plus que dans une famille monolingue, une attention particulière doit donc être vouée au langage de l'enfant durant les premières années, en veillant à ce que les occasions d'interagir avec la langue minoritaire soient nombreuses, variées et plaisantes. Sans l'interaction régulière (jeux, chansons, livres d'images) avec le parent « minoritaire », le bilinguisme est malheureusement compromis.

UN SOUTIEN POUR LA LANGUE « FAIBLE »

« Je suis anglaise, mariée à un Anglais d'origine française. Nous vivons en Angleterre. Mon mari parle français à nos trois enfants de 6, 4 ans et 2 ans. Les deux aînés parlent parfaitement les

8. G. Varro, *La Femme transplantée. Une étude du mariage franco-américain et le bilinguisme des enfants*, PUL, Lille, 1984.
9. C. Deprez, « Le jeu des langues dans les familles bilingues d'origine étrangère », *Estudios de Sociolinguistica*, 1 (1), 2000, p. 59-74.

deux langues mais depuis qu'ils vont tous les deux à l'école, ils parlent de moins en moins français et cherchent plus leurs mots. Nous avons donc décidé avec mon mari de faire des repas entiers en français (petit drapeau dans la salle à manger) pour aider cette langue minoritaire. Je me suis donc mise à parler aussi français de temps en temps pour les obliger à parler français à la maison. Résultat : ça marche ! Le français a retrouvé sa place à la maison, assez naturellement. »

Souvent les aléas de la vie viennent à la rescousse du parent culpabilisé par son manque de présence auprès de l'enfant. Ainsi une visite des grands-parents ou un voyage dans le pays d'origine du parent peuvent faire des miracles. On constate à ce moment une augmentation spectaculaire du vocabulaire dans la langue minoritaire, équivalant à l'explosion lexicale qui a eu lieu dans la langue dominante durant la période d'acquisition du langage.

Pour conclure, insistons sur le fait que le langage n'est qu'*un* élément du développement de l'enfant au cours des premières années, qu'il ne faut pas isoler des autres acquisitions. Le processus de l'acquisition du langage, de la communication tout court, peut être inhibé ou ralenti pour de multiples raisons. Outre les fonctions auditives, phonatoires, cognitives défaillantes, il y a d'autres paramètres, au niveau affectif et psychologique. De multiples raisons peuvent être à l'origine d'un retard de langage, en rapport avec l'acquisition du langage et non avec l'apprentissage d'une langue en particulier – très souvent ces deux processus sont confondus, même par des professionnels, quand ils se trouvent en face d'enfants bilingues.

La « gestion » des deux langues par l'enfant

Construction ou confusion ?

Benjamin, 2 ans, entend le français par son père et l'espagnol par sa mère. Il vit en France et fréquente une halte-garderie trois fois par semaine. Benjamin comprend bien les deux langues, mais les mélange totalement. À tel point que les éducatrices de la garderie ne le comprennent pas. Comme dit sa mère, « il faut être bilingue pour le comprendre ! »

Comme les parents de Benjamin, la plupart d'entre nous connaissent ces créations de mots et ces productions de phrases « mélangées » : pour Juliette, une petite Franco-Américaine de 2 ans, un biscuit devient « gaki » (de *gâ*teau + coo*kie*) et un cornichon, « pinichon » (à partir de l'anglais *pi*ckle et du français cor*nichon*)[10]. Stacey, 18 mois, de mère anglaise et de père russe, a trouvé un compromis entre butter*fly* et *baba*chka : le papillon devient « *babafly* »[11]. Les parents connaissent aussi les « doublets », ces mots accolés issus de deux langues, comme pour montrer que l'enfant a compris que le même objet peut avoir deux dénominations, comme « lune-moon », « bitte-please », ou « papa-daddy ».

D'autres enfants se montrent réticents à utiliser tous les mots d'une langue. Pour eux, un objet est lié à un seul mot, qu'il appartienne à l'une ou l'autre langue ; ainsi, Anna, 2 ans : « Anna will chaise » (Anna veut chaise) – Sa mère : « Ah du willst auf den Stuhl ? » (Ah, tu veux monter sur la chaise ?) – Anna : « Ja, chaise » (oui, chaise).

Ces « mélanges » seraient-ils la preuve que les enfants ne sont pas à même de tenir séparés les deux systèmes linguistiques ? La question centrale qui intéresse les spécialistes est de savoir sur quelle base les enfants décident que tel mot ou telle règle grammaticale appartient à une langue et non à l'autre.

En 1978, deux linguistes[12] ont émis l'hypothèse qu'avant l'âge de 2 ans les enfants ne seraient pas en mesure de distinguer les deux systèmes linguistiques, au niveau mental. L'étude du développement du langage de deux enfants bilingues allemand-italien devait confirmer leurs hypothèses. Selon ces chercheurs, les enfants en contact avec deux langues passent par différents stades de développement. Au début il n'existerait

10. Exemples empruntés à F. Grosjean, *Life With Two Languages. An introduction to Bilingualism*, Harvard University Press, Cambridge, Massachusetts, 1982, p. 184.
11. Témoignage sur le forum de www.enfantsbilingues.com
12. V. Volterra et T. Taeschner, « The acquisition and development of language by bilingual children », *Journal of Child Language*, 5, 1978, p. 311-326.

qu'un seul lexique dans lequel puiserait l'enfant. Nous avons vu l'exemple de la petite Anna qui disait « chaise » à sa mère allemande, bien que celle-ci utilisait l'équivalent allemand « stuhl ».

C'est vers 2 ans que les enfants commenceraient à séparer les lexiques, c'est-à-dire qu'ils désigneraient le même objet avec le mot correspondant à chaque langue. Anna dirait « chaise » à son père français et « stuhl » à sa mère allemande.

Ce n'est que vers 3 ans que les enfants prendraient conscience de l'existence de deux systèmes linguistiques et que les deux langues seraient complètement séparées, au niveau lexical et grammatical.

Cette interprétation du mélange comme une succession de stades de développement soutient malheureusement la notion de confusion des langues. Elle a été largement reprise pendant une vingtaine d'années par d'autres études, à tel point que la représentation d'un système linguistique unique, réunissant les éléments des deux langues, s'est développée dans l'imaginaire du grand public. L'image de la confusion des langues avait trouvé là un support scientifique. Ce n'est que depuis peu que de nombreuses études concluent que les enfants très jeunes sont capables de séparer les deux systèmes linguistiques. La preuve en serait l'utilisation de deux mots (un dans chaque langue) pour un seul contenu dès le début de l'acquisition du langage.

En effet, de nombreux témoignages (il s'agit en général d'observations de linguistes de leurs propres enfants) rapportent que des enfants de 18 mois et même avant possèdent bien simultanément un mot – le signifiant – dans chaque langue pour un seul objet – le signifié. Prenons l'exemple de Max, un enfant franco-portugais vivant au Brésil : à 17 mois il utilise systématiquement « siteplait » et « merci » avec son père parlant français et « por favor » et « obrigado » avec le reste de la famille parlant portugais[13]. Ursula Lanvers, une linguiste allemande vivant en Grande-Bretagne, rapporte que son fils bilingue allemand-anglais utilise « no/nein » à 14 mois, « shut/zu » à 16 mois et « please/

13. Témoignage sur la liste de discussion initiée par www.enfantsbilingues.com

bitte» à 17 mois[14]. Ces témoignages montrent que les enfants semblent savoir très tôt que la même chose (non, merci, etc.) ne se dit pas de la même manière selon qu'on s'adresse à papa ou à maman. Si bien que la thèse d'une confusion initiale des langues est aujourd'hui réfutée.

Pourtant, les exemples de mélanges que nous avons cités auparavant existent bel et bien. Ce qui a changé est l'interprétation qui en est faite. On sait aujourd'hui que le mélange n'est jamais fait au hasard, qu'il a toujours une fonction, différente selon l'âge des enfants.

Comment l'enfant organise-t-il ses langues ?

L'explication la plus naturelle pour le mélange lexical (des mots) au début de l'acquisition est celle de la prépondérance d'une des langues dans l'environnement de l'enfant. C'est dans les activités ritualisées (le bain, le jeu, le repas) que l'enfant acquiert de nouveaux mots. Si les mêmes rituels se déroulent toujours avec les mêmes personnes (et dans la même langue), l'enfant ne pourra pas acquérir le vocabulaire lié à cette situation (tout ce qui a rapport au bain par exemple) dans l'autre langue.

C'est donc la présence de l'une ou l'autre langue dans l'environnement de l'enfant dans un contexte précis qui déterminera le nombre de mots acquis dans chacune d'elles. Ceci entraîne automatiquement des lacunes dans l'autre langue. C'est pourquoi Livia, petite fille franco-néerlandaise de 26 mois vivant à Londres, s'aide de sa seconde langue quand elle ne trouve pas le mot juste : « Fermer deur sinon kou » (fermer la porte sinon froid), dit-elle à son père francophone[15].

Selon les résultats d'études récentes[16], les mélanges chez des enfants de moins de 2 ans sont dus à 90 % à un manque

---

14. U. Lanvers, « Lexical growth patterns in a bilingual infant: the occurrence and significance of equivalents in the bilingual lexicon », *International Journal of Bilingual Education and Bilingualism*, vol. 2, n° 1, 1999.
15. J. M. DeWaele, « Three years old and three first languages », *Bilingual Families Newsletter*, 17 (2), 2000.
16. E. Nicoladis et G. Secco (2000), cité dans C. Baker, *Foundations of Bilingual Education and Bilingualism*, *op. cit.*, p. 90.

de vocabulaire. Ce manque est comblé par l'emprunt du terme approprié de l'autre langue : un choix pragmatique pour réussir la communication ! N'oublions pas que la parole est utilisée surtout dans l'interaction avec autrui et en tant que telle elle est un outil de communication. Dans une situation de communication entre l'adulte et l'enfant, ce dernier voudra surtout être compris au plus vite, il privilégiera toujours le fond (le message) sur la forme (la langue), comme cette petite fille franco-allemande de 3 ans qui demande à sa sœur aînée : « Tu peux l'araignée *wegmachen* » (tu peux enlever l'araignée).

Toujours dans le but de faire passer un message au plus vite, certains enfants ont tendance à choisir les mots en fonction de leur facilité de prononciation. Isabella est espagnole, vivant aux États-Unis avec un mari français. Son fils de 23 mois fréquente une garderie américaine et fait des progrès rapides dans les trois langues. Elle constate que pour nommer un objet il choisit systématiquement la langue dans laquelle la prononciation est la plus facile. Ainsi, il dira « lait » en français, « voiture » en espagnol *(coche)*, et « descendre » en anglais *(go down)*.

Plutôt que de voir dans le changement des langues une confusion mentale, il convient de considérer celui-ci sous l'aspect de la compétence communicative. De nombreux témoignages prouvent que les enfants sont capables très tôt de choisir la langue adaptée à leur interlocuteur.

L'adaptation de la parole

L'adaptation de la parole du locuteur à son interlocuteur est une des caractéristiques de toute interaction entre personnes. Cette adaptation s'observe dans tous les types d'interaction, à tous les niveaux linguistiques. Elle est particulièrement évidente quand des parents s'adressent aux enfants ou quand on parle à un étranger[17]. On a constaté la même pratique chez des enfants de 4 ans quand ils s'adressent à des plus jeunes : ils ont un débit plus lent, ils utilisent des phrases plus simples.

---

17. J.-F. Hamers et M. Blanc, *Bilinguisme et bilingualité*, *op. cit.*, p. 183.

C'est aussi ce que font les enfants bilingues : ils sont attentifs à la manière de parler de leur interlocuteur ou dans leur environnement et réagissent en conséquence. Une équipe américaine[18] a montré cette capacité d'adaptation chez des enfants de 2 ans de milieu bilingue. Quand ils parlaient à des personnes extérieures à la famille, ils adoptaient rapidement la langue de la personne monolingue, alors qu'ils mélangeaient les langues avec les membres de la famille. Plusieurs études suggèrent que les habitudes linguistiques dans la famille influencent fortement la manière de parler des enfants. Hormis les cas de manque de mots au tout début de l'acquisition, les mélanges sont plus fréquents chez les enfants qui sont entourés de personnes qui pratiquent cette manière de parler.

UN PARLER MULTILINGUE

« Je suis française de parents portugais (parlant à la fois français et portugais), mon mari est anglais (parlant anglais et français), nous vivons en Italie et nous avons un enfant de 13 mois. Je lui parle le plus souvent en français mais il m'arrive de lui chanter en portugais ou en anglais ; en présence de la famille ou d'amis je lui parle en italien, en anglais, en portugais ou en français selon les situations. Je me demande si je ne devrais pas me limiter à une seule langue... »

Dans une conversation entre monolingues, nous avons différentes possibilités de nous reprendre si notre interlocuteur n'a pas compris le message que nous voulions lui transmettre. On pourra parler plus fort, répéter, formuler autrement le message, mais on ne pourra pas changer de langue. Pour un enfant bilingue, l'incompréhension de son interlocuteur est due d'abord à l'utilisation de la langue inappropriée.

Katharina, 3 ans, à son père francophone : « Donne la voiture bleue. » Son père : « Comment ? » Katharina : « Das blaue ! » (la bleue).

En seconde intention seulement, elle répétera son message, parlera plus fort ou trouvera une paraphrase. En principe, cette

18. F. Genesee *et al.*, « Talking with strangers : a study of bilingual children's communicative competence », *Applied Psycholinguistics*, 17 (4), 427- 442, 1996.

réaction à l'incompréhension de l'interlocuteur n'est possible que dans un environnement bilingue, c'est-à-dire si l'enfant sait que son interlocuteur comprend les deux langues.

Les enfants gèrent différemment l'incompréhension de leur interlocuteur en fonction de leurs compétences dans chaque langue. Dans un environnement où une langue est dominante, les enfants n'ont pas la même habileté à produire rapidement des énoncés dans l'autre langue. Dans une situation où ils sont contraints d'utiliser leur langue faible, ils doivent soit faire des emprunts à leur langue forte ou dominante, soit se résigner à l'échec de la communication. La fille de Carine comprend parfaitement l'allemand et le français, mais parle surtout français. Vers 3 ans, lors d'une visite dans la famille en Allemagne, où personne ne comprenait le français, elle persistait à parler français, comme raconte sa mère. « Elle voyait bien que personne ne la comprenait, mais ceci n'a rien changé, elle a continué à parler en français. » Selon sa mère, elle a dû se dire : « Puisque moi je les comprends, c'est qu'ils doivent bien me comprendre. »

UNE LOGIQUE IMPARABLE

Hélène vit au Chili et n'a quasiment pas de contacts avec d'autres francophones, si bien que Felipe, son petit garçon, ne parlait pas français et le comprenait peu. Quand Felipe avait 4 ans, elle est venue passer quatre mois en France avec lui et l'a mis à l'école maternelle française. Elle raconte : « Petit à petit, il comprenait de mieux en mieux le français, mais refusait de le parler. Jusqu'à la fin du troisième mois. Tout à coup il s'est mis à parler français et refusait totalement de parler espagnol, même avec son père au téléphone (resté au Chili). Quand on lui demandait pourquoi il refusait de parler espagnol, il a répondu : "Quand on est un bébé, on parle espagnol mais quand on est grand on parle français !" »

Tôt ou tard, en fonction des habitudes langagières de la famille, le déclic se produit et les enfants adaptent leur mode de communication à une situation monolingue, comme en témoigne l'histoire d'Ève, bilingue franco-anglaise vivant en Grande-Bretagne. Lors de ses visites dans la famille en France, où personne ne comprend l'anglais, Ève semblait avoir du mal à se mettre au français et tentait souvent de se faire comprendre en anglais. Elle préférait abandonner la partie plutôt que de changer de langue. Vers 3 ans, raconte sa mère, « il s'est produit un véritable déclic : elle a pris conscience que les gens autour d'elle ne parlaient et comprenaient que le français. À partir de ce jour, elle n'a plus essayé de s'adresser à eux en anglais et lorsqu'elle rencontrait des difficultés en français, elle se débrouillait en paraphrasant ».

La différenciation en fonction des personnes

La différenciation des langues en fonction des personnes, c'est-à-dire quand l'enfant découvre qu'il faut s'exprimer différemment avec son père et sa mère, mène progressivement vers la prise de conscience qu'il possède deux langues différentes.

Durant ce processus de différenciation des deux systèmes, certains enfants associent, souvent de manière rigide, la langue à une personne, à un contexte ou à un lieu géographique. Les parents racontent souvent que leur enfant considère la langue comme une particularité de la personne, telle la couleur de la peau ou des cheveux. Les enfants semblent à tel point attachés à cet attribut qu'ils manifestent souvent un réel désarroi quand la personne change de langue.

Katharina, petite fille franco-allemande de 2 ans, se mettait à pleurer de colère chaque fois que la règle était transgressée. Un jour, Katharina regarde des images avec ses parents (mère allemande, père français) ; la mère, par mégarde, lui dit en français : « Regarde la petite fille ! » Katharina, agacée, dit à sa mère : « Pas fille ! » Elle désigne son père du doigt et dit : « Toi, fille », puis montre sa mère et dit : « Toi, *Mädchen* ("fille") ! » Si sa mère avait mis une perruque bleue, la réaction de Katharina n'eût pas été plus violente !

Pour Anna, Franco-Allemande vivant en France, la répartition des langues selon le lieu géographique était très claire. Entre 2 et 3 ans, lors des nombreux voyages en Allemagne, le passage de la frontière marquait pour elle le changement de langue.

Les parents avaient pris l'habitude d'annoncer le passage de la frontière : « Nous voilà en France ! » ou bien : « Wir sind in Deutschland (Nous sommes en Allemagne) ! » À chaque annonce du pays, Anna se mettait à parler ostensiblement en allemand ou en français selon le pays dans lequel elle se trouvait.

BILINGUE EN FLORIDE

« Daniel a 5 ans, je lui parle en français, son père en américain, nous vivons en Floride. Daniel passe d'une langue à l'autre en fonction de ses interlocuteurs, sans jamais se tromper. On ne lui a jamais rien dit là-dessus, jamais rien expliqué, jamais demandé de parler une langue plutôt qu'une autre selon ses interlocuteurs. Il a toujours fait ça spontanément, dès les premiers mots (dans les deux langues) qu'il a eus à son répertoire. Ça donne des conversations épiques à table, où il parle en anglais (donc je sais qu'il ne s'adresse pas directement à moi mais à son père) puis en français (le message m'est directement adressé)... Même chose avec ses copains. Entre Franco-Américains ou Franco-Français, ils parlent le plus souvent français entre eux et passent à l'anglais spontanément si un autre enfant – qui ne parle pas français – se joint à eux. »

En utilisant la langue adaptée à l'interlocuteur, l'enfant manifeste sa conscience du contexte social (on parle de différentiation pragmatique). Ceci l'amènera petit à petit à comprendre que les mots appartiennent à deux langues différentes, à deux systèmes différents. Dans le monologue suivant, Felipe, bilingue allemand-espagnol de 26 mois, est en train d'associer consciemment chaque répertoire de mots à un de ses parents : en aidant sa mère à débarrasser la table, il récite les noms en les attribuant aux langues de ses parents : « Papa-mama : agua-wasser ; papa-mama : vino-wein ; papa-mama : plato-teller[19]. »

Si la manière de parler « bilingue » persiste au-delà de 3 ans, c'est qu'elle reflète certainement les habitudes langagières de l'environnement. Les enfants continuent de mélanger si tout le monde autour d'eux comprend les deux langues. Jérôme,

19. Témoignage sur une liste de discussion en allemand, traduit par l'auteur.

petit garçon franco-espagnol de 4 ans vivant en Espagne a choisi d'« emprunter » à sa langue dominante. Il comprend très bien le français mais persiste à parler en espagnol avec sa mère française. Celle-ci raconte : « Un jour, en désespoir de cause pour l'entendre dire quelques mots en français, j'ai fait comme si je ne le comprenais pas. Il voulait me dire sa phrase en criant, et je lui répondais très calmement que je n'étais pas sourde, tout simplement, je ne le comprenais pas. Après quelques minutes de réflexion, il me dit sur un ton exaspéré : "Hay *zoiseaux* en el *ciel* !" (il y a *zoiseaux* dans le *ciel*) » Comme pour montrer qu'il a bien compris le subterfuge de sa mère, Jérôme lui concède les « zoiseaux » et le « ciel » en gardant pourtant la phrase espagnole. Jérôme montre par là même qu'il n'est pas dupe : il ne s'efforce pas de faire une phrase complète en français, sachant parfaitement que sa mère comprend les deux langues ! On pense aujourd'hui que les mélanges sont essentiellement influencés par les pratiques langagières que l'enfant rencontre autour de lui. Dans des familles ou des communautés où les langues ne sont pas strictement séparées, les enfants semblent reproduire plus volontiers cette pratique d'alternance des codes.

L'alternance des codes

Dans la famille d'Elisa, Française vivant en Allemagne, tout le monde parle français, allemand et anglais. Le mari est bilingue anglais-allemand et la grand-mère paternelle, Anglaise, vit à côté de la famille. Les langues circulent librement et des énoncés mélangés comme « Mamie, we want to aller au garten » sont fréquents (« Mamie, nous voulons aller au jardin »). Elisa et toute la famille sont conscientes de ce style un peu particulier. « FRED » (pour Français-English-Deutsch), comme ils ont appelé ce parler trilingue, est utilisé dans les conversations entre membres de la famille, mais n'empêche pas les enfants, ainsi que les adultes bien entendu, d'utiliser un allemand correct en dehors du contexte familial[20].

---

20. Témoignage sur un forum allemand, traduit par l'auteur.

L'alternance des codes est un style de communication fréquent entre personnes maîtrisant les mêmes langues. En général chacun introduit dans son discours quelques mots issus de la langue dominante (en France, le français devient rapidement langue dominante pour tous) considérant que le terme n'a pas d'équivalent exact dans l'autre langue. C'est le cas, par exemple, quand deux mamans allemandes se rencontrent à Paris et discutent de l'école de leurs enfants. Les termes liés à l'école, comme « devoirs », « goûter », « maîtresse », reflètent mieux leur vécu de l'école française que les termes équivalents allemands et seront donc tout naturellement insérés dans leur conversation en allemand. Bien entendu, si les mêmes personnes racontent un événement de l'école française à un membre de leur famille en Allemagne, elles utiliseront les mêmes termes en allemand.

PARLER « FRANCESPAGNOL »

« Je suis née en Argentine de parents français, j'ai vécu mon enfance en Amérique latine. Je vis en France depuis maintenant vingt ans. Je continue à parler espagnol surtout avec mes frères et sœurs qui ont le même rapport à l'espagnol que moi, c'est-à-dire que nous passons au français quand nous ne trouvons pas un mot en espagnol. Au moment où j'ai su que j'allais avoir un enfant, je me suis posé la question du choix de la langue à parler avec mon enfant. Or, je me suis rendu compte que, malgré une pratique moins assidue de l'espagnol, ce qui m'était le plus naturel était de passer d'une langue à l'autre. »

L'alternance des codes est une pratique répandue dans des communautés bilingues, comme le long de la frontière entre le Mexique et les États-Unis. De même, dans de nombreuses familles au pays de Galles, le mélange des langues est un mode de communication courant, sans poser de problèmes particuliers aux enfants.

Il faut savoir que l'alternance des codes comme moyen de communication familiale est très fréquente, comme l'ont montré plusieurs études sur les pratiques langagières des familles migrantes en France. Les deux langues sont parlées à la maison dans plus de trois familles sur quatre, le plus souvent sous forme d'alternance des codes. En ce qui concerne le bilinguisme français-langue africaine, les deux langues sont même présentes dans 80 % des interactions parents-enfants[21]. Bien entendu, dans la plupart de ces familles, il s'agit d'un bilinguisme de fait (par la migration des deux parents) et non d'un bilinguisme choisi (par les couples mixtes).

Jusqu'à présent, il était admis, dans la communauté scientifique, que le mélange des langues par les parents ne posait pas de problèmes particuliers au développement des compétences de communication chez l'enfant. Une étude récente pourrait cependant semer le doute, du moins en ce qui concerne les premières années durant lesquelles émerge le langage[22]. Des chercheurs canadiens ont mis au jour une corrélation entre le nombre d'énoncés mixtes (anglais plus une autre langue) des parents et la taille du vocabulaire anglais des enfants de 18 à 24 mois. Plus les parents utilisaient d'énoncés mixtes anglais-autre langue avec leur enfant, plus le niveau de compréhension en anglais des jeunes enfants était bas. La recherche dans ce domaine n'étant qu'à ses débuts, on peut supposer que l'effet négatif sur le niveau de vocabulaire n'est que passager, et que d'autres habiletés développées par l'enfant bilingue pourraient compenser la faiblesse de vocabulaire par la suite.

Que faire face au mélange des langues ?

De nombreux adultes ayant grandi dans un environnement où l'alternance était la règle attestent de leur capacité à parler une langue unique avec un interlocuteur monolingue, mais, comme le résume Élisabeth, une Franco-Anglaise de 30 ans : « Je suis plus à l'aise quand je ne dois pas séparer mes deux langues, on s'entend à demi-mot entre gens bilingues, on peut

21. C. Deprez, « Le jeu des langues dans les familles bilingues d'origine étrangère », art. cit., p. 59 -74.
22. K. Byers-Heinlein, « Parental language mixing : Its measurement and the relation of mixed input to young bilingual children's vocabulary size », *Bilingualism : Language and Cognition*, p. 1-17, septembre 2012.

utiliser des mots "adaptés" de l'autre langue et ça crée tout de suite une complicité. »

On sait que les enfants reproduisent la pratique d'alternance des codes de leurs parents. Par conséquent, dans une famille, ou une communauté, au sein de laquelle le parler bilingue est courant, les enfants adopteront ce style de communication.

Dans ces situations de « parler bilingue », il arrive parfois que les adultes se fassent rappeler à l'ordre par leurs enfants : Cecilia et son mari sont russes et vivent en Grande-Bretagne ; leur fils de 5 ans fréquente une école anglaise : « Nous parlons russe entre nous et il nous arrivait fréquemment d'utiliser des mots anglais dans la conversation, comme *traffic* ou *deck*. À chaque fois, notre fils pensait que c'était du russe et nous demandait comment ça se disait en anglais ! Maintenant, nous nous efforçons de ne plus mélanger les langues. »

De nombreux parents sont sensibles aux arguments de la famille ou d'amis qui s'inquiètent des mélanges de l'enfant. Un moyen de les rassurer – et de se rassurer soi-même – est de ne pas corriger les productions mélangées de l'enfant, mais de reprendre l'énoncé en proposant un modèle cohérent ; Anna, 28 mois : « Veux essen » (je veux manger) ; réponse du père : « Ah, tu veux manger ? Tiens, voici ton goûter. »

Un moyen infaillible de développer chaque langue par elle-même est le contact fréquent avec des personnes réellement monolingues que l'enfant connaît bien. Une grand-mère, une tante lui permettra de développer ses capacités d'expression dans la langue minoritaire et l'aidera à distinguer les deux systèmes linguistiques en sa possession.

UN STYLE PARTICULIER

« En effet, je lui parle "frantchèque". Notre fille a 28 mois, mon mari est français et moi tchèque, je ne maîtrise pas très bien le français mais il m'arrive très souvent de lui parler français quand il y a d'autres personnes avec nous ou de lui parler français et tchèque quand il y a son père à côté (pour éviter de lui traduire). Ma fille par contre n'a aucun problème, elle passe d'une langue à l'autre sans difficulté et sait très bien qui parle quelle langue dans la famille. »

4

Le bilinguisme précoce consécutif, de 3 à 6 ans

Une seconde langue à 3 ans

La rencontre avec une nouvelle langue

Stéphanie et son mari se sont installés en Angleterre quand leurs enfants avaient respectivement 3 ans et demi et 2 ans : « Ils ont été confrontés du jour au lendemain à l'anglais. Il leur a fallu environ un an pour être à l'aise en anglais. Il y a eu beaucoup de parler mixte, surtout de la plus petite ; à la maison nous ne parlons que français sauf quand nous avons des amis anglais à la maison. Aujourd'hui, trois ans plus tard, les enfants sont parfaitement bilingues. »

Le même scénario se déroule pour des milliers d'enfants en France quand ils entrent à l'école maternelle. Qu'ils soient nés en France ou récemment arrivés avec leurs parents, ils ont grandi d'abord avec une autre langue que le français. Pour certains, le français les accompagnait comme un bruit de fond, dans la rue, chez les commerçants, à la télévision. Ceux qui sont nés en France « connaissent » donc déjà la langue, sans avoir eu le besoin de se l'approprier comme moyen de communication. Pour eux, c'est en général l'entrée à l'école maternelle qui marque le début de l'acquisition active du français comme langue seconde.

Ceux qui viennent d'arriver avec leurs parents entrent sur un terrain totalement inconnu. D'abord l'enfant a devant lui un mur de sons, de voix, de tonalités incompréhensibles. Il soupçonne bien que derrière ce mur virtuel s'ouvrira pour lui un nouveau monde, de nouveaux amis, de nouvelles musiques. Mais dans l'immédiat il doit trouver la clé pour y entrer. Quels sont les moyens à sa disposition pour y arriver ? D'abord, bien sûr, ses capacités sociales, sa curiosité, son besoin de se faire de nouveaux amis.

Alors que la langue maternelle représente la cellule familiale, la seconde langue est symbole de l'ouverture à la société, d'un premier pas vers la vie dans le groupe élargi. L'acquisition de cette langue est conditionnée par l'interaction avec les membres de la société d'accueil. Si l'enfant n'éprouve pas le besoin d'entrer en contact avec les personnes qu'il rencontre en dehors de la cellule familiale, ou si le contact avec cette société se déroule sous de mauvais auspices, la seconde langue ne pourra pas se développer correctement. Pour comprendre les étapes d'acquisition d'une seconde langue dans la petite enfance, il faut s'intéresser en premier lieu au comportement social de l'enfant.

L'entrée à l'école maternelle est une étape décisive à plusieurs égards : l'enfant quitte l'environnement sécurisant de la famille pour entrer dans un nouvel espace où il doit d'abord se repérer. Il se trouve face à des enfants et des adultes qu'il ne connaît pas et avec qui il devra cohabiter pendant de longues heures. Dans ce nouvel environnement, il devra mettre en place diverses stratégies pour s'accommoder en maîtrisant ses sentiments de stress, d'angoisse, de curiosité[1]. Une fois passées les premières frayeurs, il devra concentrer ses efforts sur son intégration dans

1. B. ZAZZO, *Un grand passage : de l'école maternelle à l'école élémentaire*, PUF, Paris, 1979.

ce petit monde. Il devra se faire une place dans le groupe, se positionner par rapport aux autres. Cet apprentissage de la vie en groupe, cette socialisation, est identique pour tous les enfants, qu'ils connaissent ou non la langue de communication. La non-maîtrise de celle-ci ajoute une dimension supplémentaire au stratagème à mettre en place pour s'intégrer dans le monde de l'école.

Le petit « non-francophone », s'il est né en France, a pourtant un avantage par rapport à ses pairs francophones. Il aura déjà compris que différentes manières de parler peuvent coexister : en accompagnant sa mère chez le boulanger, il a appris très tôt que la formule pour demander du pain n'est pas la même que celle utilisée normalement à la maison. Peut-être aura-t-il même déjà acquis les bases de deux langues, les parents parlant chacun une langue différente, tout en utilisant une troisième quand ils achètent leur pain. C'est le cas de Julia, 3 ans et demi, qui vit en Allemagne avec sa mère française et son père espagnol. Selon sa mère, elle connaît de nombreux mots dans les trois langues. Elle sait par exemple que maman dit « chaussure », papa « zapatos » et Michaela, la maîtresse, « schuhe ». Bien entendu, le cas de Julia qui grandit avec trois langues est plus rare que celui d'un enfant de parents non francophones abordant sa seconde langue à l'école maternelle française. Mais lui aussi ne sera pas étonné de retrouver à l'école la langue de la boulangère, du journal télévisé et des voisins.

Communiquer dans une nouvelle langue, une stratégie sociale

La psycholinguiste américaine Lily Wong Filmore[2] est une des rares spécialistes à souligner l'importance des facteurs sociaux dans l'acquisition d'une seconde langue. Selon elle, la première tâche de l'enfant exposé à une seconde langue est d'établir des relations sociales avec ses interlocuteurs. Ainsi, sans être forcément conscient qu'il possède une autre langue, l'intérêt

2. J.-F. Hamers et M. Blanc, *Bilingualité et bilinguisme*, *op. cit.*, p. 357.

de l'enfant sera tourné vers les autres enfants et son souci sera celui de se faire accepter par eux. Plus l'enfant est jeune et plus la communication est tributaire du contexte ; une grande partie des échanges des jeunes enfants passera donc par la communication non verbale. On peut en déduire qu'un enfant de 3 ans sera moins déconcerté par le fait que ses nouveaux interlocuteurs ne parlent pas « comme ses parents » que ne le serait un enfant plus grand. Trop souvent les parents se disent angoissés par le fait que leur enfant ne parle pas la langue de l'école, mais ne semblent pas avoir conscience du bouleversement que subit l'enfant à l'entrée dans un environnement inconnu.

Pour apprendre à communiquer dans la nouvelle langue, l'enfant doit d'abord être capable de prendre la parole et de la passer à son interlocuteur, il doit pouvoir ébaucher une conversation. Cet aspect conversationnel semble primordial pour l'apprentissage de la seconde langue, mais a été peu étudié. La linguiste Deborah Keller-Cohen[3] a observé trois enfants de 4 à 6 ans, une Japonaise, une Finnoise et une Suisse germanophone, apprenant l'anglais comme seconde langue dans des interactions avec des adultes anglophones. Elle relève que pour passer la parole à l'adulte, les enfants utilisent soit les questions, soit des directives d'attention (par exemple « regarde ») et que la quantité de prise de parole des enfants double ou triple sur une période de huit mois. Cela signifie qu'au fil des mois les enfants deviennent plus confiants et prennent plus l'initiative pour chercher le contact avec l'adulte anglophone.

À l'instar de Carine qui est née à Paris de parents allemands : à 3 ans, elle entre à l'école maternelle française. Après quelques jours d'observation, elle décide d'affronter cette langue qu'elle ne connaît pas : tout au long de la journée elle reste près de la maîtresse et dès que celle-ci a un moment de libre, l'enfant la prend par la main et l'emmène vers divers objets ou camarades, utilisant indifféremment le seul mot qu'elle connaît : « ça ? », et à la maîtresse de lui nommer l'objet en question ou de lui dire

3. D. Keller-Cohen, « Systematicity and variation in the non-native child's acquisition of conversational skills », *Language Learning*, 29 (1), 1979.

le nom de l'enfant. C'est ainsi que Carine a appris le français en quelques semaines.

Lily Wong Filmore a observé pendant plusieurs mois le comportement de cinq enfants hispanophones de 4 à 5 ans à leur arrivée dans un jardin d'enfants américain en Californie[4]. Elle a décrit les stratégies sociales que les enfants utilisent afin de s'intégrer dans le groupe et de participer aux activités. Malgré le fait qu'ils ne comprennent pas du tout l'anglais, ils se joignent au groupe en faisant semblant de comprendre ce qui s'y dit, ils utilisent quelques expressions figées comme « donne », « c'à moi », « y a plus », donnant ainsi l'impression qu'ils comprennent.

Ces formules figées, utilisées à bon escient, sont la clé pour se faire accepter par les autres. Elles auront aussi l'effet de déclencher en contrepartie des répliques des pairs et ainsi de nouvelles expressions seront apprises. Une relation de confiance est ainsi établie, qui permettra à l'enfant de progresser dans l'apprentissage de la seconde langue. Bien entendu, la personnalité de l'enfant joue un rôle important dans la manière d'aborder un nouvel environnement et donc la nouvelle langue et détermine la rapidité de la progression.

Les styles d'apprentissage

Dès les premiers travaux sur l'acquisition du lexique, des chercheurs américains avaient décelé des différences « stylistiques » dans l'acquisition des cinquante premiers mots. Ainsi, certains enfants feraient preuve d'un « style référentiel » et d'autres d'un « style expressif ». Les uns semblent privilégier la fonction référentielle du langage, en acquérant surtout des noms communs désignant des objets, alors que les autres sont davantage intéressés par la fonction sociale du langage, utilisant plus de formules, d'éléments expressifs, ayant un vocabulaire plus varié.

4. L. Wong-Fillmore, « Individual differences in second language acquisition », dans Fillmore, Kempler et Wang (eds.), *Individual Differences in Language Ability and Language Behavior*, Academic Press, New York, 1979, p. 203-228.

Ces styles d'acquisition ont été décrits de manière semblable chez les enfants plus âgés ; nous les rencontrons d'ailleurs dans tous les domaines d'apprentissage, tout comme chez les adultes. Les styles décrits pour l'acquisition du premier lexique sont l'équivalent de ce que d'autres chercheurs appellent les styles « holistique » (« expressif ») et « analytique » (« référentiel »). Les enfants holistiques privilégient la communication sans attacher de l'importance à l'exactitude de l'énoncé. Ils s'intéressent aux personnes, connaissent des expressions compliquées, répètent des phrases entières et des formules complexes[5].

Les enfants analytiques sont plus intéressés par les choses et par le contenu de la communication. Ils utilisent plus de noms, connaissent beaucoup de mots, utilisent des adjectifs, ils s'intéressent à la construction du langage, aux règles sous-jacentes. Ils sont plus conscients de la langue comme objet et parleront seulement au moment où ils seront sûrs de l'utiliser à bon escient. À l'opposé de l'enfant analytique, les enfants extravertis, de style « expressif », se lancent facilement. Comme Carine, la petite Allemande citée plus haut, ils se rapprocheront des enfants qui parlent bien la nouvelle langue, ils privilégieront les jeux de rôle et testeront la nouvelle langue le plus souvent possible. Les autres enfants le leur rendront bien : ils adapteront leur langage au niveau d'acquisition de leur camarade en simplifiant au mieux l'énoncé. C'est la raison pour laquelle les enfants de style expressif font des progrès plus rapides pour parler la seconde langue. Les enfants analytiques, quant à eux, avancent plus vite dans l'acquisition du vocabulaire et de la grammaire[6].

Les styles d'apprentissage conditionnent en partie l'attitude de l'enfant arrivant dans une structure où il ne comprend pas la langue. On peut déceler quatre étapes distinctes. Dans un premier temps, il découvre que les autres personnes utilisent un idiome différent que la langue parlée à la maison. Il tente d'abord de parler la langue de la maison avec ces personnes. Plus l'enfant est jeune, plus il persiste dans cette attitude. Quand

5. E. Bates *et al*, *From First Words to Grammar: individual differences and dissociable mechanisms*, Havard University Press, Cambridge, 1988.
6. *Ibid.*

il s'aperçoit qu'il n'est pas compris, il passe par une phase où il devient « muet », il n'utilise plus le langage pour communiquer mais seulement des mimiques, des gestes, ou il suit sans parler une invitation au jeu. Pendant cette phase l'enfant donne l'impression d'être passif. En réalité, il est très actif : il se laisse imprégner par la nouvelle langue, il absorbe les nouveaux sons, la mélodie, il essaie de décortiquer le flux de sons pour y trouver des formules, des expressions auxquelles s'accrocher. C'est une période très importante pour l'acquisition de la langue : il faut être conscient que l'enfant qui a cessé de parler n'a pas pour autant cessé de communiquer. Selon le chercheur P. Tabors[7] qui a décrit les différentes phases d'adaptation, il ne faut surtout pas faire pression sur l'enfant pour qu'il sorte de son mutisme. Ceci aurait comme résultat un ralentissement du processus d'acquisition de la langue.

Après la phase « muette » vient la phase du « langage télégraphique », qui ressemble au style télégraphique utilisé au début de l'acquisition du langage et des expressions. Il s'agit de formules que l'enfant capte en entier et utilise afin d'entrer en contact avec les autres enfants. La dernière phase est celle de la production de phrases correctes. Les erreurs sont encore fréquentes mais normales dans le processus d'acquisition de la seconde langue.

Une équipe américaine[8] a étudié le comportement de neuf enfants chinois monolingues de 3 à 8 ans dans une école anglophone. Six d'entre eux sont passées par une « période silencieuse » de un à trois mois pendant laquelle ils participaient au jeu et interagissaient avec leurs pairs anglophones au niveau non verbal, mais parlaient exclusivement avec leurs pairs de même langue maternelle. Les enfants étaient interrogés individuellement sur leurs sentiments dans un groupe dont ils ne comprenaient pas la langue. Un des enfants expliqua que puisque les enseignants

---

7. P. Tabors, « English language learners in early childhood education classrooms : development, assessment, and strategies », Presentation at the National Association for the Education of Yong Children's Annual Conference, Anaheim, CA, 1997.
8. M. Saville-Troike, « Private speech : evidence for second language learning strategies during the "silent" period », *Journal of Child Language*, 15, 1988.

et les autres enfants n'allaient pas apprendre le chinois, c'est lui qui allait apprendre l'anglais pour pouvoir parler avec les autres. Une autre enfant expliqua que c'était trop dur de parler aux enseignants « à cause de l'anglais », c'est pourquoi elle avait décidé de ne plus leur parler. L'étude rapporte que quand les six enfants se mirent à parler anglais, après quelques semaines, leurs énoncés étaient complexes et sans fautes et ils se trouvaient au même niveau que les enfants qui n'étaient pas passés par la période silencieuse.

Bien qu'il soit tentant de catégoriser les enfants selon leur style d'apprentissage, il faut se garder d'une trop grande schématisation. Comme le fait remarquer la linguiste Rosemary Tracy[9], la plupart des enfants procèdent tantôt de manière analytique, tantôt de manière holistique.

La construction par stades

Une question essentielle se pose quand on s'intéresse à l'acquisition précoce d'une seconde langue : cette acquisition suit-elle les mêmes stades développementaux que la langue maternelle ou bien se développe-t-elle différemment ? Pour répondre à cette question, il faudra tenir compte de deux aspects importants : d'une part, l'acquisition de la seconde langue se fait à un stade du développement intellectuel plus avancé que celui atteint lors du développement de la langue maternelle ; d'autre part, au moment du contact avec la seconde langue, l'enfant possède déjà un bagage linguistique dans sa langue maternelle[10].

Bien entendu, vers 3 ans, à l'âge d'entrée à l'école maternelle en France, l'acquisition du langage est loin d'être terminée, mais l'enfant a acquis un vocabulaire important et il a commencé à aborder la phase syntaxique, celle où il apprend les règles qui régissent la formation des énoncés de la langue. Bien que les différences individuelles soient très marquées, tous les enfants ont appris les bases d'une communication réussie : ils savent

9. R. Tracy, *Sprachliche Strukturentwicklung: Linguistische und kognitionspsychologische Aspekte einer Theorie des Erstspracherwerbs, Narr*, Tübingen, 1991.
10. J.-F. Hamers et M. Blanc, *Bilingualité et bilinguisme, op. cit.*, p. 350.

demander, désigner, exprimer un refus, un regret, un désir, en utilisant la langue de leurs parents.

Confronté à un groupe d'enfants et d'adultes qui utilisent un idiome qui lui est étranger – même si les sonorités lui sont familières –, l'enfant doit donc trouver le moyen de décrypter un nouveau code linguistique.

L'utilisation de formules figées, de « phrases préfabriquée » est le trait le plus frappant quand on observe le comportement langagier de l'enfant pendant les premières semaines. L'enfant utilise des phrases toutes faites en imitant ce qu'il a entendu dire autour de lui, que ce soit à l'école, dans la rue ou à la télévision.

Dans une étude américaine[11], on a observé quatre enfants japonais en immersion dans une école maternelle américaine. La progression de la formule figée vers des phrases formées correctes passe par trois étapes distinctes : d'abord l'enfant saisit une expression récurrente (par exemple « ç'a moi »), qu'il utilise dans les interactions sociales aussi souvent que cela lui semble opportun. Dans une deuxième étape il va découper l'expression pour en extraire les règles linguistiques. Cette analyse lui permettra de remplacer un mot par un autre ou d'ajouter un mot (« ç'a moi voiture »), pour arriver finalement à créer des phrases correctes (« c'est ma voiture »).

Aya, un des enfants japonais de l'étude citée, utilise d'abord indifféremment la formule *« more cracker please »* (encore un biscuit) pour demander un fruit ou à boire. Un peu plus tard, elle modifie la formule pour demander une pomme ou de la salade *(« more apple please », « more salad please »)*, mais elle l'utilise aussi pour demander une fourchette : *« more fork please »* (« encore une fourchette »).

Les formules figées, les « phrases préfabriquées » ont une double utilité : d'une part l'enfant entre en contact avec ses pairs grâce à ces formules, ensuite, en analysant progressivement les expressions, il apprend à construire lui-même des phrases dans la seconde langue.

11. P. N. Shibata, « The role of prefabricated language in young children's second language acquisition », *Bilingual Research Journal*, été 2001.

Aider l'enfant dans l'acquisition de la seconde langue

Nous venons de voir comment l'enfant construit sa nouvelle langue grâce à des stratégies sociales et cognitives. Ceci permet de mesurer l'importance de l'interaction avec des personnes qui parlent leur langue maternelle avec l'enfant. Celui-ci élabore la plus grande partie du nouveau code dans l'interaction avec d'autres enfants, et non dans des activités linguistiques formelles avec un adulte.

Or nous assistons actuellement à une multiplication des offres d'« initiation » ou d'« éveil » à une langue vivante, en général l'anglais. Pour être efficace, toute méthode de ce genre devra tenir compte des particularités du processus d'acquisition du jeune enfant. Il ne suffit pas de faire défiler des images sur un écran de télévision et de faire répéter à l'enfant des mots ou des expressions qui y sont utilisés. Les petits films peuvent venir en complément aux activités agréables et variées entre enfants et avec l'adulte, mais ne doivent en aucun cas représenter la partie essentielle d'une « méthode ». Les activités d'éveil ont en outre l'inconvénient de se dérouler dans un milieu où la communication dans la langue étrangère n'est pas naturelle, car les activités réunissent en général des enfants francophones exclusivement.

La situation est évidemment tout autre pour des enfants qui sont immergés dans une seconde langue tout au long de la journée. Dans ce cas, et malgré les différences des styles dans l'approche, tous finissent par s'approprier la nouvelle langue. L'arrivée à l'école maternelle est d'abord un choc émotionnel pour l'enfant, ensuite chacun adopte des stratégies correspondant à sa personnalité pour gérer la nouvelle situation. Les premiers mois sont une période sensible, car c'est le moment où des parents impatients, des enseignants peu au fait des processus en jeu font pression sur l'enfant, le jugent, l'affublent de qualificatifs négatifs. Il est important d'accorder une période de silence à l'enfant sans se lancer dans des interprétations fallacieuses du genre « retard de langage » ou « refus de parler ». Pour des parents, il n'est pas facile de voir son enfant mutique, peut-être se tenir à l'écart, attitude qui est souvent interprétée comme une

« difficulté » d'intégration. Cette situation est culpabilisante pour les parents, qui se reprochent ne pas avoir introduit la langue de l'école dans la famille. C'est une période où il faut faire confiance à l'enfant et parfois résister aux prévisions des Cassandres de toute sorte.

—— LA PRESSION EXERCÉE PAR L'ÉCOLE

« Quand nous sommes arrivés d'Ukraine avec mon mari, notre fille Lena avait presque 4 ans. Elle est tout de suite entrée à l'école maternelle afin d'apprendre le français. Moi-même je ne parlais pas bien français, j'avais pris des cours six mois avant de venir en France. Malgré cela les enseignants m'ont fait la guerre depuis le premier jour : "Il faut que vous lui parliez français chez vous", me disaient-ils. Quand j'ai manifesté le souhait de continuer à parler ma langue maternelle avec ma fille, on lui a trouvé un défaut de prononciation du "s" et elle a eu des séances d'orthophonie. Malgré cela la maîtresse et la directrice de l'école ont continué à critiquer notre manière de faire et à me faire peur parce que nous parlions russe chez nous ! J'ai tenu bon, comment aurais-je pu faire autrement avec mon niveau de français ! Finalement, je constate que j'ai eu raison, car, maintenant, Lena a fini le CP, elle sait lire en français et en russe et elle est la première de sa classe. »

Quelle méthode pour un bilinguisme réussi ?

Quand, en 1908, le linguiste Jean Ronjat demanda conseil à son collègue Maurice Grammont pour élever son fils Louis en deux langues, celui-ci lui répondit que chaque parent n'avait rien d'autre à faire que parler exclusivement sa langue maternelle avec l'enfant. Ainsi, l'enfant lierait dès sa naissance telle langue à la personne de son père, telle autre à celle de sa mère, dans une relation affective. Jean Ronjat appliqua ce « principe de Grammont » pour élever son fils Louis en allemand (langue de sa femme) et en français. Depuis, la méthode « une personne, une langue » – OPOL pour les anglophones – anime les esprits et les forums de discussion. Le principe de Grammont fut appliqué par de nombreux linguistes à leurs propres enfants, ce qui donna lieu à quelques monographies, comme celle de W. F. Leopold

(1949), T. Taeschner (1976) et, plus récemment, G. Saunders[12]. Ce dernier, un professeur d'allemand australien de langue maternelle anglaise, décida d'élever ses trois enfants en allemand et publia les observations du développement bilingue de ses enfants. La méthode semble avoir être couronnée de succès en ce qui concerne les compétences linguistiques de ces enfants « cobayes ».

UNE MÉTHODE PARTICULIÈRE

« Nous vivons aux États-Unis, ma femme est allemande et je suis américain. Durant les premières années, dans nos discussions, nous utilisions l'anglais et l'allemand en fonction du sujet. Juste avant la naissance d'Anna, pour être sûrs de parler assez d'allemand, nous avons décidé de parler allemand les jours pairs et anglais les jours impairs aux États-Unis et de parler seulement allemand quand nous étions en visite en Allemagne. On a continué à ce rythme depuis la naissance d'Anna, c'est-à-dire que les jours pairs chacun parlait allemand entre nous et avec Anna, et les jours impairs c'était la même chose en anglais. Maintenant, Anna a 8 mois et nous sommes de plus en plus en contact avec des anglophones monolingues ici en Californie, nous avons donc décidé de parler allemand trois jours sur quatre, et le quatrième jour uniquement anglais[13]. »

Le principe de la séparation stricte des langues semble rarement appliqué avec rigueur par des personnes autres que des linguistes. La raison en est simple : la méthode est difficilement applicable au quotidien. À moins de vivre à l'écart de la société, il est difficile de ne pas se trouver dans une situation où l'on doit changer de langue avec son enfant. La méthode laisse également peu de place à la spontanéité dans les rapports parents-enfants, car il s'agit de ne surtout pas céder à l'enfant quand celui-ci n'utilise pas la « bonne » langue avec l'un des parents. Une équipe australienne[14] a observé des familles anglo-allemandes en

12. G. Saunders, *Bilingual Children : from birth to teens*, Multilingual Matters, Cleevedon, 1988.
13. Témoignage issu d'un forum anglais, traduit par l'auteur.
14. S. Döpke, *One Parent, One Language. An interactional approach*, John Bejamins, Amsterdam et Philadelphie, 1992.

Australie, utilisant la méthode « une personne, une langue ». Les chercheurs ont constaté que les parents adhérant à ce système de séparation des langues étaient constamment en train de rappeler cette règle à leurs enfants. En outre ces parents étaient issus d'un milieu socioéconomique favorisé et élevaient leurs enfants dans le bilinguisme par choix et non par nécessité. Il s'agissait donc de familles bien intégrées dans la société majoritaire, qui n'avaient pas de contacts avec d'autres adultes ou enfants bilingues. Par conséquent, l'exposition des enfants à la langue minoritaire était limitée en général au seul parent. De ce fait, les résultats de la méthode se sont révélés décevants pour certains parents, leurs enfants s'arrêtant au niveau de compréhension de la langue minoritaire sans jamais la parler. Dans cette étude, les chercheurs ont constaté un meilleur résultat chez les enfants pour lesquels l'allemand était utilisé aussi comme mode de communication entre les parents.

——— UNE APPLICATION DES RÈGLES À LA LETTRE

« J'ai souvent eu le problème de voir les enfants me parler ou me répondre en anglais. Au début je leur montrais que je comprenais, mais je répondais en japonais. Ce qui les encourageait à devenir paresseux et parler uniquement anglais. Ils arrivaient bien à leurs fins, alors pourquoi se fatiguer plus ? Je me suis rapidement rendu compte du risque que cela comportait et j'ai commencé à exiger qu'ils utilisent la bonne langue. S'ils me demandent du jus de fruit, je fais semblant de ne pas entendre ou bien je leur demande de répéter jusqu'à ce qu'ils finissent par me demander correctement en japonais. Une de mes amies trouve que je suis trop dure avec les enfants. Je pense qu'il n'y a pas de différence avec le fait d'exiger qu'ils emploient des formules de politesse. Je ne leur donnerais pas de jus de fruit s'ils ne me le demandaient pas poliment. Pousser un enfant à utiliser une langue en lui demandant gentiment, en l'implorant ou en le forçant ne marche jamais. Il faut dès le début poser des règles de base et s'y tenir sans faillir[15]. »

---

15. http://www.byu.edu/~bilingua/Prosserbackground.html (témoignage traduit par l'auteur).

Le désir d'élever son enfant dans deux langues amène certains parents à inventer d'autres stratégies plus ou moins compliquées, depuis l'alternance des langues selon les situations (anglais pendant les repas en semaine et français le week-end) à l'alternance selon les jours de la semaine. Toutes ces stratégies peuvent fonctionner pour une famille, mais être inconcevables pour une autre. Il n'existe pas d'étude validant l'efficacité d'une de ces « méthodes ». Tout ce que l'on sait est que les stratégies les plus artificielles sont abandonnées rapidement.

Chaque famille doit donc trouver son propre équilibre, en évitant toutefois de faire du bilinguisme un postulat rigide qui entraverait les relations parents-enfants. À l'instar de ce couple germano-péruvien, vivant au Pérou, qui a souhaité que son enfant maîtrise l'allemand avant l'entrée à l'école maternelle. Ils décidèrent de l'exposer d'abord à l'allemand, la langue faible, et de reléguer l'espagnol à plus tard. Dans ce but, ils parlaient exclusivement allemand avec leur enfant et entre eux, lui trouvèrent des copains de jeu parlant allemand, allant jusqu'à interdire à la grand-mère péruvienne de parler espagnol avec l'enfant. Ne parlant pas l'allemand, la grand-mère était condamnée au silence. Ce n'est qu'à partir de l'âge de 3 ans, considérant que l'allemand était acquis, qu'ils permirent à leur enfant de jouer avec des enfants hispanophones et d'avoir des contacts avec la grand-mère. On imagine aisément que cette limitation des relations sociales n'a pas pu se passer sans heurts dans un environnement hispanophone, notamment en ce qui concerne les relations avec la famille péruvienne. On doit se demander si le prix de ce bilinguisme n'est pas trop élevé, d'autant plus que son maintien au fil des années n'est pas garanti ; et l'on ose à peine imaginer d'autres « méthodes » à venir !

—— LE PRIX DU BILINGUISME

« Je suis bilingue de naissance : mère française, père allemand. J'ai grandi en Allemagne, mais comme mes parents ont divorcé lorsque j'avais 4 ans, la langue de la maison était le français. L'allemand était réservé aux contacts avec l'"extérieur" et nous passions tous les ans six semaines en France chez mes grands-parents, dans un bain linguistique français on ne peut plus pur, car exclusivement monolingue.

Ma mère a été très rigoureuse et stricte à ce niveau. Elle ne me parlait qu'en français et quand je lui adressais la parole en allemand, elle me répondait "je ne comprends pas, parle français". Cette démarche a eu plusieurs résultats. D'une part, je parle couramment le français et l'allemand, sans aucun accent. Je faisais l'interprète pour mes grands-parents et je lisais dans les deux langues à 5 ans. Plutôt réussi, hein ? Mais, d'autre part, je me suis souvent sentie frustrée parce que je ne pouvais pas raconter ce que je voulais à ma mère sans faire un effort de formulation en français. Parfois, je préférais me taire plutôt que de faire cet effort. Autant pour la relation parent-enfant ! Vers l'âge de 8-9 ans, j'ai eu un passage pendant lequel je détestais qu'elle me parle français en public. Je n'aimais pas du tout me sentir "différente" des autres enfants. J'étais également gênée quand elle me parlait en français en présence de mes copains ou de ses amis uniquement germanophones ; je trouvais que c'était très impoli envers eux. Ma mère en a vraiment bavé, car à l'époque (je suis née en 1967), le bilinguisme n'était pas connu comme maintenant et la famille de mon père ainsi que son entourage à elle trouvaient qu'elle en demandait beaucoup trop à la "pauvre petite". Elle a dû se battre contre tout le monde, mais dans l'ensemble je lui suis reconnaissante. »

Du bilinguisme au multilinguisme

La situation trilingue

Pour de nombreuses familles en France le français s'ajoute aux autres langues de la famille par nécessité. Après avoir grandi avec deux langues dans le milieu familial, les enfants feront connaissance avec le français au moment où ils seront inscrits à la crèche, à la halte-garderie, à l'école maternelle. Cette troisième langue déconcerte en général les professionnels et parfois les parents, mais pas du tout les enfants.

Combien de langues un enfant peut-il assimiler durant ses premières années ? Il existe peu de recherches sur le développement des langues dans un contexte multilingue. En général, la troisième langue est celle que l'enfant va rencontrer à l'extérieur de la maison. Dans certains cas, trois langues sont déjà présentes à la naissance de l'enfant, quand une grand-mère – ou un autre membre de la famille – vit avec la famille.

Un autre mode d'acquisition de la troisième langue est celui où un enfant parlant une langue minoritaire suit un enseignement bilingue dans la langue du pays et dans une autre langue.

Le trilinguisme par enseignement n'est pas rare en Europe et à travers le monde. Dans les communautés bilingues comme en Catalogne, au Pays basque, en Frisonie, en Bretagne et en Wasa (en Suède), les enfants qui suivent un enseignement bilingue apprennent l'anglais comme troisième langue, souvent à l'école élémentaire. Au Canada, l'anglais ou le français sont appris comme troisième langue par les populations immigrées ou aborigènes, ainsi que dans plusieurs régions d'Amérique du Sud où les enfants de langue maternelle quechua, aymara, guarani sont scolarisés dans un cycle bilingue auquel s'ajoute une troisième langue internationale.

De nombreuses études se sont intéressées à la vitesse d'acquisition de la troisième langue dans le cadre d'un enseignement bilingue. La plupart concluent que l'acquisition de la troisième langue se fait plus rapidement, du fait de stratégies d'apprentissage efficaces et d'une conscience linguistique très développée[16] des enfants bilingues.

Trilinguisme et développement des langues

Les rares études systématiques sur les étapes d'acquisition d'une troisième langue laissent penser que le processus d'acquisition ne diffère pas de celui de la deuxième, mais que le

16. J. Cenoz *et al.*, « Towards trilingual education », *International Journal of Bilingual Education & Bilingualism*, vol. 4:1, 2001.

fonctionnement langagier est plus complexe et son développement parfois ralenti.

Peu de choses sont connues sur le développement de jeunes enfants dans un contexte familial trilingue durant les trois premières années. Nous devons nous appuyer sur des témoignages individuels, comme celui du linguiste Jean-Marc DeWaele[17] qui a suivi le développement langagier de sa fille Livia. Elle grandit avec le français par son père, le néerlandais par sa mère et l'anglais par l'environnement (la famille vit à Londres). Le couple parle néerlandais ensemble, c'est donc la langue dominante de la famille.

Dès l'âge de 5 mois jusqu'à 2 ans et demi, Livia était gardée l'après-midi par une nourrice pakistanaise qui utilisait l'anglais et l'urdu avec les enfants. Les matinées étaient réservées au français avec le père. À trois ans, Livia utilise le français, l'anglais et le néerlandais quand elle joue avec ses poupées. Quand elle utilise des expressions mixtes, elles sont en général en deux langues, soit en français et néerlandais, soit en français-anglais. Mais parfois ses « mélanges » comportent les trois langues : « Mimi, what do you préfères, een boterham ? » (Mimi, qu'est-ce que tu préfères, une tartine ?) Il semble aussi que la conscience métalinguistique (connaissance sur la langue) de Livia est apparue très tôt. Jean-Marc DeWaele constate : « La langue d'une personne ou d'une poupée est un élément aussi important pour elle que la couleur des cheveux. Lorsqu'elle prenait son bain, à 21 mois, elle a dit une fois : "Maman, petit canard spreken Nederlands" (Maman, petit canard parle néerlandais). » Le linguiste constate que les expressions de Livia dans les trois langues sont en général bien formées, avec très peu de fautes de grammaire. La plupart de ces fautes ont disparu vers l'âge de 4 ans.

L'observation de la petite fille trilingue a le mérite de pouvoir rassurer les parents qui se trouvent dans une situation de trilinguisme. Bien qu'on ne puisse pas généraliser à partir d'un cas, l'exemple de Livia nous montre la facilité des jeunes enfants

17. J.-M. DeWaele, « Three years old and three first languages », *Bilingual Family Newsletter*, 17, 2, 2000, p. 4-5.

à acquérir et à utiliser plusieurs langues. C'est ce qui se confirme tous les jours dans d'autres régions du monde.

—— UNE FAMILLE MULTILINGUE

« Je suis fille d'un père espagnol et d'une mère italienne qui s'entêtait à parler dans sa langue. Tout cela dans un pays qu'on appelle l'Algérie où les gens autour de moi parlaient arabe, sauf à l'école laïque où tout s'étudiait en français. J'ai parlé "correctement" très tard, tentant désespérément de mémoriser dans mes petites cases toutes ces langues qui m'entouraient. Mais lorsque mes mots furent compréhensibles, je ne parlais pas moins de quatre langues à 4 ans ! Et j'ai remis ça à l'âge adulte. J'ai un grand fils de 18 ans qui est né en France et à qui j'ai parlé couramment l'arabe (langue que je maîtrisais le mieux) et le français. Aujourd'hui, Quentin est parfaitement bilingue. Par ailleurs, j'ai épousé un Hongrois d'origine russe. Mon mari parle parfaitement le russe et le hongrois ainsi que l'anglais, langue que nous utilisions au début de notre rencontre. Nous avons un petit garçon de 3 ans à qui il parle russe depuis sa naissance. Moi, je m'adresse à lui en français. Richard a parlé tard également, vers 2 ans, ses mots commençaient à peine à être compréhensibles et aujourd'hui encore, les conjugaisons ou les expressions ne sont pas toujours correctement formulées. Cependant, il maîtrise les deux langues et il s'adresse naturellement à son père en russe et à moi (plus au reste du monde) en français, même si, parfois, il en joue en refusant de parler russe à son père. Nous n'accordons plus d'importance à cela, sachant que son père reste fidèle à son engagement de lui parler russe, quoi qu'il arrive. L'enfant l'a compris et fait cela de moins en moins. »

La gestion des langues par l'enfant

Tous les récits de l'étonnante capacité des enfants à s'adapter aux langues qui les entourent peuvent être ramenés à un dénominateur commun : l'enfant acquiert naturellement tout système linguistique dont la maîtrise lui est utile pour établir des relations affectives avec les personnes de son entourage.

L'accent mis sur la relation sociale a son revers de médaille : les enfants sont capables d'oublier une langue aussi vite qu'ils l'ont apprise, le *primum movens* étant encore une fois la nécessité de communication. Les différentes langues étant liées soit à des personnes différentes (grand-mère ou nourrice, père et mère), soit à un contexte précis (deux langues à la maison, la troisième langue à la crèche ou à l'école), le changement de situation entraîne automatiquement un changement dans la gestion des langues de l'enfant.

Le principe de la gestion économique des langues s'applique bien entendu aussi à une situation bilingue, mais est exacerbé lorsque trois ou plusieurs langues sont impliquées. Le temps d'interaction avec une langue doit être suffisamment long et régulier pour qu'il y ait nécessité pour l'enfant de se l'approprier. Les enfants sont aussi très sensibles au contexte sociolinguistique : ils repèrent, d'une part, les personnes ou les situations qui requièrent l'utilisation d'une langue particulière et, d'autre part, toute situation où les adultes tentent de maintenir artificiellement l'utilisation d'une langue.

C'est ce qui se passe dans cette famille où la mère a le fort désir de perpétuer une tradition multilingue. Carole est née en Algérie de parents franco-espagnols. On parlait naturellement le français, l'espagnol et l'arabe dans la famille. Elle a épousé un Allemand avec qui elle communique en anglais. Le couple a vécu d'abord à New York, où sont nés leurs enfants. Ceux-ci sont en contact avec trois langues depuis la naissance : l'allemand par le père, le français par la mère, l'anglais avec tout le monde quand la famille est réunie. La famille vit actuellement en Allemagne.

Carole s'efforce d'utiliser les trois langues, l'anglais, le français, l'allemand, à différents moments de la journée et dans différentes situations. Elle est fière de constater que ses enfants changent de langue pendant leurs jeux à deux, utilisant indifféremment les trois langues entre eux. Cependant, elle se plaint depuis peu de l'oreille « sélective » et d'« oublis » bizarres de ses deux enfants qui n'ont pourtant pas de problèmes auditifs, un audiogramme ayant permis de lever le doute : « Je constate depuis quelque temps qu'Anna oublie d'un instant à l'autre ce que je viens de lui dire ou ce qu'elle essaie de me dire aussi.

Thomas semble, lui, avoir une "oreille sélective". Il m'annonce qu'il "n'entend pas bien" à des moments les plus inattendus. »

Dans le cas de cette famille installée en Allemagne, l'utilisation de l'anglais n'est plus soutenue par un environnement anglophone, la langue est parlée avec les enfants dans des conditions précises (« en famille »), alors qu'à d'autres moments les mêmes parents s'adressent aux enfants, qui en allemand, qui en français. Carole se demande – probablement à juste titre – si ses enfants ne sont pas en train de lui signaler leur « saturation des langues » en prêtant une oreille sélective à ce qu'elle leur dit.

C'est une des possibilités que choisissent les enfants pour marquer leur refus de jouer le jeu des adultes : répondre dans une langue précise.

Des compétences fluctuantes

Ce refus de parler une langue peut prendre différentes formes, des réponses monosyllabiques à l'évitement de la discussion avec le parent concerné. C'est ce que vit Kéo, une maman laotienne, dont le fils Amnoy, 5 ans, semble entrer de plus en plus dans le mutisme. Le mari de Kéo est chinois, la langue de communication du couple est le français. Jusqu'au quatrième anniversaire de l'enfant, la famille a vécu en Grande-Bretagne. Ils sont installés en France depuis un an, où Amnoy fréquente une école maternelle bilingue franco-anglaise. Chaque parent parle sa langue maternelle avec le garçon, mais la langue dominante de l'enfant est le laotien. Il connaît quelques mots de chinois, quelques mots de français (langue de communication des parents, et, depuis un an, de l'école) et quelques mots d'anglais (enseigné à l'école).

La mère a l'impression que son fils « n'aime pas parler parce que cela le fatigue ». Quand il rentre de l'école, il refuse de raconter sa journée à sa mère, il parle également très peu à l'école, selon la maîtresse. Le « refus » d'obtempérer, quand la mère demande de raconter la journée à l'école en laotien, peut faire partie d'une stratégie d'apprentissage de l'enfant qui concentre tous ses efforts sur l'acquisition du français. À l'école, il se trouve en outre dans la phase de mutisme qui fait partie des attitudes des enfants au début de la scolarisation quand ils ne maîtrisent pas la langue, comme nous l'avons vu dans un chapitre précédent.

L'exposition à quatre langues (français et anglais à l'école s'ajoutant au laotien et chinois à la maison) peut ralentir le processus d'acquisition des langues ; il faudra peut être plus de temps à un enfant dans cette situation pour être performant dans une ou plusieurs langues. Le succès de l'enseignement bilingue chez un enfant exposé à deux autres langues à la maison dépendra de facteurs multiples que la recherche se doit encore d'explorer.

La gestion « économique » des langues devient même vitale pour un enfant qui, par les obligations de la famille, change régulièrement de pays et de langue.

UNE FAMILLE EXPATRIÉE

« Maman française de deux petits garçons de 9 et 5 ans, je suis amenée à changer régulièrement de pays dans le cadre de mon travail. Après avoir passé quatre ans à Hongkong où mes enfants allaient à l'école américaine, nous sommes au Paraguay depuis un an. Le plus grand a appris à lire et écrire en anglais puisqu'il est allé à l'école américaine de 3 à 7 ans, et il a fait lui-même l'apprentissage de la lecture en français, à ma grande surprise ! Le petit n'est allé qu'une année dans cette même école. Depuis un an, ils sont dans une école française mais avec aussi des cours en espagnol. 80 % des élèves sont paraguayens, ce qui signifie que les conversations entre les élèves se font essentiellement en espagnol. Mes enfants ont parfaitement assimilé cette nouvelle langue et l'utilisent très naturellement. Mon problème est le suivant : nous allons partir vivre en Indonésie prochainement et mes fils devront retourner à l'école américaine car il n'existe pas d'école française là-bas. J'ai constaté que le grand a tout oublié de l'anglais et je me demande s'ils vont pouvoir se réadapter facilement. »

Un enfant qui est bilingue durant les premières années peut devenir trilingue lors d'un séjour dans un autre pays et redevenir bilingue dès que la famille quitte ce pays. Le trilinguisme transitoire est, plus que le bilinguisme, le résultat des circonstances dans des familles migrant au gré de leur carrière professionnelle. La fluctuation des langues (tantôt l'une tantôt l'autre devient dominante) au cours des événements est le schéma qui caractérise tous les trilingues, selon Charlotte Hoffmann[18], de l'université de Salford. L'égale compétence dans trois langues ne semble pas être possible, il y aurait toujours une langue plus « faible » que les autres car la moins utilisée. C'est cette langue faible qui est la première à disparaître si les circonstances rendent son utilisation superflue.

Un équilibre instable

Pour le développement d'une compétence trilingue – ou plurilingue – l'exposition suffisante à chaque langue dans un contexte formel (école) et informel (famille, rue) est une condition nécessaire, mais non suffisante. D'autres paramètres, comme la valeur attribuée à une langue par la société, ont un rôle prépondérant dans l'acquisition.

À Los Angeles, dans Koreatown, un des quartiers de la ville, une expérience d'enseignement bilingue anglais-coréen a été mise en place pour l'importante communauté coréenne vivant dans cette ville. Il se trouve que le quartier est habité par de nombreuses familles hispaniques et philippines. Ainsi, certains enfants fréquentant l'école maternelle et élémentaire ont comme langue maternelle l'espagnol, le coréen, le tagalog ou le cebuano (langues des Philippines). Une minorité d'enfants sont de langue maternelle anglaise. Une étude[19] a démontré les effets positifs de l'enseignement coréen-anglais sur les performances scolaires de tous ces enfants. Malheureusement les enfants issus des minorités linguistiques n'ont pas conservé leurs compétences en langue maternelle. L'espagnol, le tagalog et le cebuano ont été remplacés par le coréen et, surtout, l'anglais. Ce

18. C. Hoffmann, « Towards a description of a trilingual competence », *International Journal of Bilingualism*, vol. 5, n° 1, mars 2001.
19. K. Rolstad, « Effects of two-way immersion on the ethnic identification of third language students », *Bilingual Research Journal*, 21, 1, 1997.

n'est pas étonnant, étant donné le peu de valeur accordé à ces langues minoritaires par la société américaine.

Quand un enfant bilingue arrive à l'école où l'enseignement se fait dans une troisième langue, c'est souvent une des langues familiales qui s'affaiblit. C'est d'autant plus le cas s'il s'agit d'une langue peu valorisée. Avec la perte d'une des langues, l'enfant devient bilingue tout en gardant cependant une triple compétence culturelle.

—— DISPARITION D'UNE TROISIÈME LANGUE

Karin, d'origine allemande, et Amir, d'origine algérienne, vivent à Paris où ils ont fait leurs études. Karin raconte : « J'ai toujours parlé allemand avec les enfants, je ne pouvais pas imaginer autre chose. Avec mon mari on parle français, mais le papa parlait en arabe avec notre fille aînée, Schéhérazade. Du moins, c'est ce qu'il faisait quand elle était petite. Il lui racontait des histoires le soir avant de dormir, lui lisait des livres et lui chantait des chansons. Elle parlait surtout allemand, mais connaissait quelques mots et expressions en arabe. Dès que Schéhérazade a commencé à fréquenter l'école maternelle, on sentait que le français prenait de plus en plus de place. Quand notre deuxième fille Yasmina est née, Schéhérazade avait 3 ans et demi, et mon mari a recommencé à parler un peu plus en arabe avec les enfants. Mais dès que Yasmina est entrée à la maternelle, il y a eu comme un blocage, les deux filles commençaient très vite à jouer en français et l'arabe ne les intéressait plus... »

Les chances d'un réel trilinguisme sont meilleures si les trois langues jouissent d'une reconnaissance dans la société, comme dans le cas rapporté par la linguiste C. Hoffmann[20]. Elle a publié l'observation du développement langagier de ses deux enfants trilingues allemand-espagnol-anglais durant une période de sept ans. L'utilisation des différentes langues par les enfants correspondait à la constellation linguistique de la famille : l'allemand et l'espagnol étaient utilisés avec les parents, tandis que l'anglais était la langue de la communauté, des amis et de l'école.

20. C. HOFFMANN, « Towards a description of a trilingual competence », art. cit.

À aucun moment les enfants n'avaient ressenti des attitudes négatives envers leur trilinguisme ou une de leurs langues et de ce fait, très important, ils ont pu développer leurs trois langues à un niveau suffisant pour leurs besoins de communication du moment. D'autres observations rapportent aussi que le choix des langues correspond toujours à la réalité linguistique des enfants à une période donnée.

Johannes est allemand, Isabella est franco-italienne, ils habitent en Allemagne : « Nous avons vécu longtemps en Angleterre et parlons tous les deux très bien anglais. Je parle français a mes enfants quand mon mari n'est pas là. Il en fait autant avec l'allemand. Mais quand nous sommes tous ensemble à table, on veut partager la journée, des blagues ensemble, on parle tous anglais. Nos enfants sont trilingues et ça marche bien. »

Il est certain que dans d'autres cas où une langue au moins ne jouit pas d'un égal prestige dans le pays où réside la famille, celle-ci a tendance à s'affaiblir, voire à disparaître. Il n'est pas rare que la langue à disparaître la première soit la langue maternelle, ou, plus précisément, la langue de la première socialisation.

Un multilinguisme limité

Quand beaucoup de langues circulent dans une famille, l'enfant ne dispose probablement pas de suffisamment de temps pour développer chacune des langues à un niveau satisfaisant. Au bout du compte, les enfants de telles familles multilingues risquent de ne pas devenir trilingues, ni bilingues, mais diglossiques. Cela signifie que chaque langue ne se développera que jusqu'à un niveau assez limité, juste ce qu'il faut pour l'utilisation précise dans un contexte particulier. Par exemple, on peut imaginer que l'anglais ne servira qu'à demander le sel à table ou dire qu'on n'a plus faim, le français sera celui des jeux avec papa et l'allemand celui de l'école. Une personne diglossique utilise chaque langue dans un contexte précis et sa maîtrise de la langue ne couvre pas les autres domaines.

Beaucoup de familles immigrées parlant des langues socialement peu valorisées vivent une situation de diglossie. La langue du pays d'origine est utilisée pour communiquer autour des petites choses du quotidien, alors que le français est parlé dans la rue, chez les commerçants, avec l'administration. Chaque langue a donc son domaine bien précis, mais aucune des deux langues ne peut s'étendre aux domaines couverts par l'autre langue. Cet état de fait n'est pas grave dans la mesure où il permet à un individu de comprendre et de se faire comprendre dans toutes les situations de la vie. Mais dans une société où on attache une grande importance au « bien parler », où de surcroît la langue écrite a une importance considérable, ne pas maîtriser le français dans tous les domaines est un handicap pour la promotion sociale.

5

Le bilinguisme tardif

Une seconde langue après 6 ans

Une situation complexe

Quand des parents saisissent l'opportunité d'un poste à l'étranger ou quand ils décident de tenter l'émigration pour offrir un avenir meilleur à leurs enfants, la question de l'apprentissage de la langue du pays devrait être une des priorités. Lors de mon activité de conseil, j'ai souvent constaté une certaine insouciance de la part des parents expatriés qui ne semblent pas toujours saisir l'étendue du bouleversement psychologique (et linguistique) que subiront leurs enfants en âge scolaire.

Beaucoup d'entre eux s'imaginent que la langue du pays « rentrera » toute seule dans le cerveau de leur enfant, ils ont à l'esprit un apprentissage « naturel » par immersion dans le milieu scolaire, à l'image des tout-petits dont nous parlions précédemment. Si le développent du bilinguisme précoce simultané a suscité peu de recherches en dehors des monographies – qui se contentent de décrire ce développement –, il n'en est pas de même du bilinguisme consécutif. Il semblerait que ce soit la situation du contact tardif avec une seconde langue qui pose problème ou du moins qui réunisse les conditions pouvant créer des situations conflictuelles.

Marco, petit garçon chilien de 6 ans, vient d'arriver en France avec ses parents. Ils travaillent dans le cadre d'un programme international et sont censés s'installer en France pour un nombre indéterminé d'années. Ni Marco ni ses parents n'ont la connaissance du français. Il est scolarisé dans une classe de cours préparatoire (CP) normale, aucune classe d'adaptation (CLIN) n'existant dans les environs, et reçoit quelques heures de soutien en français par une enseignante spécialisée. C'est un garçon timide, renfermé, ne participant pas en classe selon la maîtresse. Après deux mois de scolarisation, les enseignants et le psychologue scolaire ne constatent aucun progrès et l'adressent à un centre médico-psycho-pédagogique (CMPP). Il est vu par une pédiatre qui analyse avec bon sens la situation d'un enfant de 6 ans scolarisé en immersion totale dans une langue étrangère, et qui ne peut pas devenir un élève épanoui et performant en deux mois. Elle propose de scolariser Marco en grande section de maternelle afin de lui laisser le temps de se familiariser avec le français.

Premiers contacts avec la seconde langue

À 6 ans, un enfant possède déjà un bagage linguistique et cognitif important dans sa première langue ; on considère qu'il maîtrise l'essentiel de sa langue maternelle, il est capable de communiquer ce qu'il veut dire à n'importe quelle personne et de comprendre tout ce que lui dit n'importe quelle personne dans cette langue. Il aura acquis les concepts sous-jacents aux formes linguistiques. Par exemple, le développement du concept de la possession dans la langue maternelle passe de la forme « dato papa » à « dato à Papa » et plus tard à « le gâteau de Papa ». En apprenant à parler, l'enfant intègre une fois pour toutes la notion du lien entre l'objet et le possesseur (dans notre exemple « de »), de même qu'il acquiert le concept d'autres formes linguistiques comme celui du pluriel. Ces connaissances pourront être transférées de la langue maternelle à une seconde langue.

L'enfant qui arrive dans un pays, dans une école dont il ne connaît pas la langue, doit concourir avec ses pairs qui auront atteint, dans leur langue maternelle, un niveau identique de compétences.

La tâche de l'enfant « déplacé » est donc non seulement d'apprendre une seconde langue au même titre que ses petits camarades, mais d'acquérir au plus vite le niveau linguistique d'un enfant de 6 ans, voire d'un enfant de 8 ans ou de 10 ans, selon l'âge d'arrivée dans l'école du pays. Il est évident que pour un enfant en âge scolaire le problème n'est pas seulement de pouvoir tenir une conversation avec les autres enfants dans la nouvelle langue mais aussi de pouvoir intégrer au plus vite le cursus scolaire dans la langue du pays. Une tâche ardue attend le nouveau venu : il doit combler l'écart entre son niveau zéro dans la seconde langue et celui d'un enfant de 6 ans ou plus dont c'est la langue maternelle !

La tâche est rendue plus complexe par la continuité de l'évolution de la langue maternelle d'un enfant durant plusieurs années. Depuis la naissance et jusqu'à 6 ans, l'enfant a certes acquis un système langagier et linguistique complexe, mais, même surdoué, il est loin du niveau linguistique d'un adulte. Jusqu'à 12 ans, les enfants continuent d'acquérir des nuances phonologiques subtiles, du vocabulaire, de la syntaxe et des aspects complexes du système oral de leur première langue. Plus tard, un jeune entrant au collège, au lycée, doit assimiler une quantité supplémentaire de vocabulaire et cet apprentissage continue durant la vie au fur et à mesure que s'ajoutent de nouveaux contextes où le langage doit être utilisé. Ainsi l'acquisition de la première langue est un processus à vie.

Le bilinguisme précoce que nous avons considéré jusqu'ici se limite à la compétence orale en deux langues ; nous avons vu les différentes étapes du développement de celle-ci. Pour le jeune enfant exposé à une seconde langue, une compétence orale est suffisante pour communiquer à la garderie, dans la rue, etc. Cette communication est lié au *hic* et *nunc*, au « ici et maintenant » : demander un biscuit, inviter un autre enfant à participer au jeu sont des activités langagières liées à une réalité immédiate, partagée ; nul besoin de faire appel à des capacités cognitives complexes pour parler. La seconde langue devient rapidement et facilement la langue de tous les jours, au point parfois de dépasser la première langue en habileté d'expression.

C'est cette capacité de communiquer une réalité immédiate dans la seconde langue que l'enfant plus âgé va acquérir rapidement ; mais simultanément il sera confronté à un autre registre de la langue, celui, plus formel, des apprentissages.

De plus, il ne suffit pas de connaître en seconde langue les équivalents des mots de la langue maternelle, encore faut-il savoir comment aligner plusieurs mots pour produire du sens. L'enfant doit également acquérir une compétence pragmatique, c'est-à-dire savoir comment utiliser les éléments de la langue pour argumenter, convaincre, expliquer. Toutes ces nouvelles compétences sont indépendantes les unes des autres. C'est ce que nous enseignent les cas de personnes qui, après un accident cérébral, ont perdu la capacité de comprendre, mais pas celle de parler, par exemple.

La recherche tente de savoir de quelle manière l'enfant va aborder l'apprentissage de la nouvelle langue : pourra-t-il se servir des connaissances acquises dans sa langue maternelle pour construire la seconde langue ou bien celle-ci va-t-elle se développer indépendamment de la langue maternelle ? La spécificité de la langue maternelle a-t-elle une influence sur les étapes de développement de la seconde langue ? Pour rester plus pragmatique, ce qui intéresse les parents d'un enfant exposé à une seconde langue à l'école est de savoir combien de temps il faudra à celui-ci pour atteindre le même niveau de compétences que les enfants de sa classe d'âge dont c'est la langue maternelle.

Les stratégies d'acquisition

Nous savons que la capacité d'acquérir une langue de manière intuitive diminue après 6 ans. Le dispositif d'acquisition du langage est remplacé par des mécanismes cognitifs plus généraux, actifs pour toutes les tâches de résolution de problèmes. Ce qui signifie que les enfants – comme les adultes – qui doivent apprendre une seconde langue activent des ressources mentales variées pour compenser le manque de dispositif spécifique pour l'acquisition d'une langue. Ceci a pu être montré récemment grâce à l'imagerie par résonance magnétique fonctionnelle (IRMf). Comme nous l'avons vu, ce procédé permet de mesurer et visualiser le flux sanguin dans les régions du cerveau impliquées dans la production du langage. Le degré de circulation sanguine est un indicateur de l'activité cérébrale.

On a ainsi découvert qu'à partir de 6 ans de nouvelles régions du cerveau, dans l'hémisphère gauche et droit, s'activent pour traiter les informations grammaticales de la seconde langue. Quand on fait écouter à des personnes bilingues tardives une histoire dans la langue maternelle et ensuite dans la seconde langue, deux régions différentes du cerveau « travaillent ». Chez les bilingues précoces, par contre, les deux systèmes linguistiques, particulièrement la structure grammaticale, sont traités dans la même région. Le cerveau est apparemment capable d'activer d'autres ressources – destinées à l'origine à d'autres activités – pour compenser la non-disponibilité du centre de traitement du langage[1]. Ce mécanisme de compensation par d'autres ressources du cerveau peut expliquer les grandes variations interindividuelles que l'on constate chez les personnes ayant appris une seconde langue tardivement. Les régions impliquées dans cet apprentissage tardif varient non seulement en fonction de l'âge, mais aussi en fonction des facteurs socio-psychologiques comme la motivation et le contexte de l'apprentissage. La capacité de mémoriser des mots inconnus

1. W. Griesshaber, « Erwerb und Vermittlung des Deutschen als Zweitsprache », *in Deutsch in Armenien*, Teil 1 : 2001/1, 17-24, Teil 2 : 2001/2, 5-15, Armenischer Deutschlehrerverband, Jerewan, 2002.

joue également un rôle prépondérant dans l'acquisition de la seconde langue. Une étude finlandaise a démontré que la capacité de jeunes enfants de mémoriser des pseudo-mots (des mots inventés mais ressemblant à des mots existants dans la langue de l'enfant) avait une incidence sur leur capacité d'apprendre l'anglais, langue étrangère, deux ans plus tard. Ainsi, les enfants qui mémorisaient un grand nombre de pseudo-mots étaient particulièrement compétents dans l'apprentissage de l'anglais[2].

L'apprentissage : transfert de la langue maternelle ou indépendance ?

Un enfant espagnol apprendra-t-il plus facilement le français que si sa langue maternelle était le chinois, l'allemand ou l'hébreu ? Bien entendu, la similitude entre l'espagnol et le français, d'origine latine toutes deux, est plus grande qu'entre le français et l'hébreu, qui lui appartient au groupe des langues sémitiques. La question se pose de savoir si la similitude peut faciliter l'apprentissage de la seconde langue. C'est probablement le cas pour le vocabulaire. Quand on connaît l'allemand « Hut » (« chapeau ») on retient plus facilement l'équivalent anglais « hat », car les mots similaires sont plus faciles à retenir. Mais la proximité entre les langues peut aussi donner lieu à des erreurs fréquentes, quand le mot similaire en prononciation n'a pas la même signification dans l'autre langue.

Dans certains cas, l'apprenant peut se servir des structures grammaticales de sa première langue pour construire des phrases dans la seconde langue. Ainsi, en observant des enfants allemands apprenant l'anglais et des enfants anglais apprenant l'allemand[3], on constate que, pour certaines structures, les enfants font appel à leur connaissance spécifique en langue maternelle et l'utilisent pour développer la seconde langue. Un autre exemple est le transfert du français langue

2. E. SERVICE, « Phonology, working memory and foreign-language learning », *Quarterly Journal of Experimental Psychology*, 45A, 21- 50, juillet 1992.
3. H. WODE, « Developmental sequences on natural L2 acquisition », *Working Papers in Bilingualism*, 11, 131, 1976.

maternelle vers l'allemand seconde langue dans la construction des phrases. La phrase allemande a une structure différente de la française, le verbe étant dans certains cas placé à la fin de la phrase, alors qu'en français le verbe suit le sujet. Les enfants acquérant l'allemand forment d'abord leurs phrases en suivant l'ordre des mots « à la française » : ils utilisent donc une structure de leur langue maternelle pour construire une phrase dans la seconde langue. Un profane aurait tendance à imputer ces interférences à un mauvais apprentissage ; « il fait beaucoup de fautes », disent les parents. Les mêmes erreurs de transfert de la langue maternelle apparaissent aussi chez les apprenants adultes.

Il paraît aussi plus facile pour un enfant d'identifier des éléments de la seconde langue si ces mêmes éléments existent dans la langue maternelle. Par exemple, il est plus facile de reconnaître l'intonation montante comme marqueur d'une question si cette règle existe aussi dans la langue maternelle[4]. Un enfant de langue maternelle japonaise apprenant l'anglais a plus de difficultés à s'approprier les articles déterminés et indéterminés (a, the, some) car il n'y a pas de système équivalent dans sa langue maternelle. Un enfant de langue espagnole, par contre, n'aura pas de difficulté particulière à acquérir le système des articles car il existe aussi en espagnol[5].

Des études ont montré que pour certaines structures la seconde langue suit une séquence développementale indépendante de la spécificité de la première langue. Une des premières études faisant apparaître une succession de stades de développement a été menée par une équipe américaine[6] dans les années 1970 : les chercheurs ont étudié l'acquisition de l'anglais par des enfants hispanophones vivant en Californie, au Mexique et à New York. En observant les séquences d'acquisition pour huit structures grammaticales, comme le « s » du pluriel entre autres, ils ont pu constater que le processus d'acquisition suivait un développement en étapes allant de la structure

4. Cité par J.-F. Hamers et M. Blanc, *Bilingualité et bilinguisme, op. cit.*, p. 358.
5. K. Hakuta *et al.*, « Critical evidence : a test of the critical-period hypothesis for second-language acquisition », *Psychological Science*, vol. 14, n° 1, 2003.
6. H. C. Dulay et M. K. Burt, 1974, cité par Hamers et Blanc, *op. cit.*, p. 355.

la plus simple vers la plus complexe. L'équipe a ensuite comparé ces résultats à ceux d'enfants de langue maternelle chinoise et apprenant l'anglais. Au grand étonnement des chercheurs, les « erreurs » d'anglais, qui correspondent en fait à des séquences développementales, étaient les mêmes chez les enfants ayant l'espagnol comme langue maternelle et chez ceux de langue chinoise. Qui plus est, ces « erreurs » étaient les mêmes que chez des enfants qui acquièrent l'anglais comme langue maternelle !

Pour certaines structures grammaticales, l'acquisition d'une langue est donc indépendante du développement de la langue maternelle. Ce qui peut sembler logique si l'on prend un cas extrême comme l'acquisition des formes complexes du pluriel en arabe, langue à flexion interne. Celui-ci est acquis complètement à 10 ans chez un enfant monolingue. Le pluriel anglais par contre (ajout d'un -s) est maîtrisé vers 3 ans chez l'enfant monolingue. Si un enfant de langue maternelle arabe est exposé à l'anglais à 6 ans, il va donc acquérir la forme du pluriel anglais plus tôt que celui de sa langue maternelle. Même sans maîtriser toutes les formes correctes dans sa langue maternelle, il aura déjà acquis le concept du pluriel, ce qui lui permettra de s'approprier cette forme linguistique dans l'autre langue.

Une des formes grammaticales les plus étudiées est la négation. Les linguistes Josiane Hamers et Michel Blanc décrivent les étapes d'acquisition de la négation chez un enfant de 6 ans de langue maternelle anglaise et apprenant le français seconde langue : dans un premier temps l'enfant utilise la négation « non » seule, puis sous la forme « non Hervé » ou « non ça », ensuite avec l'infinitif « non faire ça ». À l'étape suivante, le non est distingué du « pas » et devient « pas Paul », « pas faire ça » pour évoluer enfin vers « faut pas faire ça » ou « fais pas ça »[7].

La question de l'influence de la langue maternelle et des séquences développementales de la seconde langue ne sera probablement jamais tranchée définitivement, d'autant plus que la problématique est rendue plus complexe encore par certaines études qui montrent une grande variation individuelle

---

7. J.-F. Hamers et M. Blanc, *Bilingualité et bilinguisme*, *op. cit.*, p. 354.

de l'apprentissage des structures d'une seconde langue, même chez des enfants de même âge et de même langue maternelle.

Les psychologues et linguistes Ellen Bialystok et Kenji Hakuta comparent l'apprentissage d'une seconde langue à la rénovation d'une maison et l'acquisition de la langue maternelle à la construction d'une maison[8]. On peut rénover sa maison toute la vie durant, mais la qualité de la rénovation dépend de nombreuses variables. Autrement dit, l'acquisition d'une nouvelle langue après 6 ans est conditionnée par de nombreux facteurs extra-linguistiques comme les attitudes prévalant dans l'environnement et le statut des langues en contact. Toutes ces variables jouent un rôle décisif dans la manière dont l'enfant va s'approprier la nouvelle langue et dans le niveau de bilinguisme qu'il va atteindre.

Comment préserver la langue maternelle

Dans le tourbillon des apprentissages auquel est exposé l'enfant à l'entrée à la « grande école », il n'est pas facile de laisser à la langue maternelle toute la place qu'elle mérite.

À moins d'avoir la chance de pouvoir opter pour une école bilingue où la langue de la famille trouve une place reconnue, c'est l'enseignement systématique du français et en français qui débute à l'école. Même si la plupart des enfants fréquentent l'école maternelle et ont donc déjà acquis ne serait-ce que les bases du français, pour beaucoup d'entre eux, l'acquisition de la langue de l'école demandera effort et concentration.

C'est souvent l'enfant qui n'est pas prêt à « jouer le jeu » du bilinguisme dès qu'il comprend l'importance de la langue parlée à l'école. Celle-ci s'impose d'elle-même si l'on considère qu'un enfant passe entre six et dix heures par jour dans un environnement entièrement francophone. La langue de la famille est dans ce cas en position fragile et il faut une réelle volonté pour ne pas tomber dans le piège du « tout français ».

Comme nous avons vu dans un précédent chapitre, ce serait une erreur d'arrêter de parler la langue maternelle.

8. E. Bialystok et K. Hakuta, *In Other Words*, Basic Books, New York, 1994.

Toutes les études confirment l'intérêt de continuer à exposer l'enfant à deux langues. Les parents doivent avoir conscience de l'importance de la première langue qui constitue un « trésor de famille » dont il faudra prendre soin. La connaissance de n'importe quelle seconde langue est toujours un atout pour l'enfant sur le plan cognitif, personnel et social.

Sur le plan cognitif, le fait de manipuler régulièrement deux systèmes linguistiques a un effet positif sur tous les apprentissages. Cet effet positif s'exerce quelle que soit la langue parlée en plus du français, que ce soit l'anglais ou le breton, le serbo-croate ou le bambara. Sur le plan personnel et social, le fait de maîtriser la langue de sa famille, des grands-parents, des cousins, permet de garder des liens avec la famille, de se sentir appartenir à un ensemble humain et géographique plus large, ce qui aura un effet positif sur l'estime de soi de l'enfant.

Les parents ne doivent donc pas se laisser perturber et surtout continuer à parler leur langue maternelle. Pour que celle-ci puisse réellement devenir une langue à part entière, il est préférable que son utilisation ne se limite pas à l'usage habituel (« fais tes devoirs », « mange ta soupe »), mais qu'elle serve aussi dans les moments de détente et de complicité avec l'enfant pour regarder des livres d'images, lire et raconter des histoires, encourager l'enfant à raconter lui-même.

Marine vit au Québec ; elle a une opinion tranchée sur le maintien de la langue maternelle. Elle compare la pratique de la langue minoritaire avec l'obligation d'aller à l'école. « Ma fille ne veut pas toujours aller à l'école, mais chez nous, la règle est qu'on va à l'école tous les jours. C'est la même chose pour la langue minoritaire : on la parle quand on s'adresse à maman. Ma fille ne voit pas toujours pourquoi elle doit apprendre la géographie du monde, mais moi je sais que c'est important. C'est la même chose pour le français. »

Bien que d'un point de vue psychologique on ne puisse pas encourager les parents à avoir une telle action coercitive sur les enfants en ce qui concerne le choix de la langue à la maison, il peut être utile de ne pas « comprendre à demi-mot » ce que l'enfant dit dans la langue majoritaire ; on peut parfois tenter de l'inciter à répéter dans la langue maternelle, sans effet garanti, bien entendu.

Marianne a trouvé un moyen plus subtil pour conserver l'usage de l'allemand, langue « faible » de la famille. « Le plus important pour moi c'est quand même de pouvoir communiquer avec mes enfants. Alors, ce que je fais c'est que je répète systématiquement en allemand ce qu'elle me dit en français : à la longue c'est plutôt fatigant et assez frustrant pour moi. Par ailleurs, si je n'ai pas totalement abandonné, c'est parce que lorsqu'elle regarde des films en allemand, elle répète les mots du film en allemand : donc je me dis que tout n'est pas perdu ! »

Pour les parents qui ne parlent pas ou parlent mal le français, le choix de la langue ne s'impose pas dans l'immédiat. Mais souvent, quand les parents se trouvent eux-mêmes en situation d'apprentissage du français, ils ont envie de le pratiquer à la maison et parfois s'installe dans la famille une sorte d'interlangue (un parler à mi-chemin entre la langue d'origine et la nouvelle langue) qui n'aidera pas l'enfant à progresser. Dans ce cas il vaut mieux compter sur l'école pour l'apprentissage du français, et continuer à transmettre ce qu'on maîtrise le mieux, sa langue maternelle. Et pour assurer un approfondissement suffisant du français, il faut parfois confier ce travail à des professionnels du soutien scolaire.

UN CONSEIL AVISÉ

« Il faut s'adapter à la situation. Une attitude trop catégorique peut tout simplement bloquer un enfant qui choisira par exemple d'aller raconter sa journée à l'adulte parlant la langue majoritaire. Si votre enfant manque de vocabulaire dans la langue minoritaire, il faut l'aider d'une manière ou d'une autre. Avec mon fils, je lui demandais toujours "comment?" lorsqu'il essayait de me parler suédois (vers l'âge de 18 mois). Lorsque je voyais qu'il ne connaissait pas les mots en français, je le laissais s'exprimer et essayer d'expliquer, sans bien sûr lui dire : "Dis-le moi en suédois." Lorsqu'il le disait en suédois, je lui traduisais en français en disant "Ah ! tu voulais dire que... (+ traduction)." Il me disait alors souvent oui et ensuite il répétait ce que je lui avais dit en français. Je le félicitais alors et lui disais que j'étais fière de lui et de son français. Cela lui donnait un sentiment de fierté que son papa encourageait également le soir en lui disant qu'il pourrait parler plusieurs langues et qu'il avait de la chance. »

À l'école : des contraintes spécifiques

Langue de la rue versus *langue de l'école*

Pour des millions d'enfants à travers le monde, l'entrée à la « grande école » marque un tournant important. Tout enfant, soit-il monolingue, fera connaissance avec une langue normée, éloignée de celle parlée à la maison avec les parents ou dans la rue avec les autres enfants. Selon le niveau socioéconomique ou la région géographique dont est issu le petit écolier, la distance entre les deux variantes de la même langue est imperceptible ou, au contraire, presque aussi importante qu'entre deux langues différentes. C'est le cas pour les enfants de régions où la pratique d'un dialecte est encore vivante. Dans certaines régions de Bavière, au sud de l'Allemagne, l'écart entre le dialecte parlé dans les campagnes et l'allemand de l'école est tel que les enfants de la campagne doivent d'abord s'approprier le « Hochdeutsch » (le haut-allemand) comme si c'était une langue étrangère. C'est le cas aussi au Maghreb où la langue de l'école est l'arabe littéral (« classique »), perçue comme aussi distante de la langue des familles qu'une langue étrangère.

En France, grâce à la scolarisation précoce en école maternelle, la plupart des enfants sont déjà familiarisés avec ce registre du français utilisé par l'enseignant à l'école. Seul l'élève récemment immigré aura à accomplir le travail de décodage d'une langue inconnue. C'est ce qui attend aussi les enfants français expatriés avec leurs parents aux quatre coins du monde. Si aucune école française ne se trouve aux environs du nouveau lieu de vie, ils fréquenteront l'école du pays. Sans avoir les compétences linguistiques nécessaires, ils devront suivre les autres élèves et tenter d'entrer avec eux dans ce « nouveau système de valeurs où l'acquisition des connaissances prime sur toutes les autres», comme le formule la psychologue Bianca Zazzo[9].

Pour l'enfant débutant sa scolarité sans comprendre la langue qui y est utilisée, le défi est de taille: il doit non seulement apprendre à parler avec les autres, mais il est censé en plus se servir de la seconde langue pour l'apprentissage de la lecture. C'est à travers la lecture et l'écriture qu'il se familiarisera avec cet autre registre de la langue, la langue de l'école.

Les caractéristiques de la langue «académique»

Tout être humain apprenant à parler dans des circonstances normales acquiert les compétences orales nécessaires aux rapports humains dans au moins une langue, sa langue maternelle. La langue utilisée dans l'interaction avec autrui est accompagnée par des gestes, la mimique, par l'intonation adéquate qui permet de prévoir ce qui va être dit. C'est la raison pour laquelle un enfant exposé à une langue qu'il ne connaît pas aura rapidement développé des compétences sociales de communication (*Basic Interpersonal Communicative Skills* ou BICS[10]), nécessaires à la relation avec les autres dans cette langue. Les enfants *allophones* (qui parlent une autre langue que celle de leur environnement) sont souvent décrits comme d'excellents communicateurs dans la seconde langue, mais on surestime facilement leur niveau de compréhension réel. Pour évaluer la capacité d'un enfant à suivre un cursus scolaire dans la seconde langue, il faut accorder une égale importance aux différentes composantes de cette langue.

Il s'agit surtout de considérer les compétences dans la langue «académique», celle utilisée pour la transmission des savoirs dans toutes les matières, y compris dans sa forme écrite. Chez l'enfant monolingue, cette compétence (CALP ou *Cognitive Academic Language Proficiency*) se développera progressivement avec l'entrée dans le système scolaire.

9. B. Zazzo, *Un grand passage. De l'école maternelle à l'école élémentaire*, PUF, Paris, 1987, p. 92.
10. Selon J. Cummins, *Bilingualism and Minority-Language Children*, Ontario Institute for Studies in Education, 1981.

Si, dans les petites classes, l'enseignement est encore partiellement lié au contexte et la langue accompagnée par des gestes ou une mimique appropriés, ces indices extralinguistiques disparaissent dans les classes supérieures. Pour comprendre le contenu d'un message, l'élève ne pourra plus s'aider d'indices autres que la langue. Les mots seuls, écrits ou prononcés par l'enseignant, doivent transmettre le sens.

Pour comprendre la complexité de la tâche du jeune élève en immersion dans une langue qu'il doit décoder, le psychosociologue britannique Colin Baker décrit les différentes compétences en fonction du contexte dans lequel a lieu l'acte de communication[11]. Le gros de la communication quotidienne est lié à des situations concrètes, les propos tenus sont en rapport direct avec le lieu et l'heure (par exemple : « mets ton manteau »), elle se contente des compétences de communication de base : le BICS, selon J. Cummins. C'est grâce à ce qui entoure le langage (gestes, mimiques, mouvement du corps) que deux enfants parlant des langues différentes semblent « s'entendre à merveille ».

Une autre dimension s'ajoute à celle du contexte dans l'acte de communication : le niveau intellectuel impliqué. Quand on parle de la pluie et du beau temps avec un voisin, on n'a pas besoin de faire appel à la réflexion ou à un raisonnement quelconque. Le fait de saluer quelqu'un, la récitation d'une poésie sont des activités peu exigeantes sur le plan cognitif. Il en est autrement quand il s'agit de rédiger un commentaire de texte ou de suivre un enseignement pour lequel une grande quantité d'informations complexes doit être assimilée rapidement.

La communication peut donc être liée ou non au contexte immédiat et elle peut être exigeante ou non au niveau de l'activité intellectuelle. Un enfant en contact avec une seconde langue acquiert d'abord une compétence communicative simple et directe, non exigeante intellectuellement. Au fil des années, l'activité en salle de classe s'éloigne de plus en plus de la simple conversation entre camarades de jeu. Une activité intellectuelle

11. Modèle de C. Baker, *Foundations of Bilingual Education and Bilingualism*, *op. cit.*

intense doit accompagner l'utilisation de la langue, orale et écrite.

Les exigences cognitives

Même nés en France, de nombreux enfants entrent à l'école avec un vocabulaire très rudimentaire. Ceci peut être dû à un milieu familial peu stimulant sur le plan langagier ou aux compétences langagières limitées de la famille. Il se peut aussi que peu de place soit accordée aux interactions verbales entre parents et enfants. Un enfant grandissant dans une famille *allophone*, où l'on parle une autre langue que le français, peut avoir développé un vocabulaire important dans sa langue maternelle et avoir des connaissances rudimentaires du français, comme il peut avoir développé un vocabulaire pauvre dans sa langue maternelle et en français.

Si l'enfant bénéficie d'un milieu familial stimulant sur le plan langagier – peu importe la langue qui y est parlée – et si le développement de la langue familiale est maintenu après la scolarisation en français, il pourra acquérir les compétences cognitives nécessaires pour une scolarité réussie.

Dans le cas où un enfant arrive à l'école sans avoir pu développer au préalable les compétences suffisantes dans sa première langue, l'école maternelle devra combler les lacunes par une pédagogie adaptée. Malheureusement, étant donné le nombre d'élèves dans les classes et le peu de temps qu'ont les enseignants pour se consacrer à ceux qui en ont le plus besoin, il y a peu de chances pour que l'enfant bénéficie du soutien nécessaire pour développer toutes ses compétences langagières et cognitives. Le retard langagier constaté à l'entrée à l'école maternelle sera difficilement rattrapé durant les années d'école primaire.

Alain Bentolila, professeur de linguistique et conseiller scientifique de l'Observatoire national de la lecture, insiste sur l'importance d'un développement satisfaisant du langage oral comme base de tous les apprentissages scolaires. « C'est vraisemblablement la maîtrise de la langue orale qui conditionne un destin scolaire et un destin social, écrit-il ; sans réelle maîtrise de la langue orale, il n'y a pas d'entrée possible dans le monde de l'écrit, sans réelle maîtrise de la langue orale, il n'y a pas de chances réelles d'intégration sociale[12]. »

La situation de l'enfant présentant un retard de langue (dans sa langue maternelle ou en français) devient donc précaire à partir du cours préparatoire. Il n'aura pas atteint le niveau langagier présupposé d'un enfant de 6 ans sur lequel sont fondés les programmes scolaires.

S'il est non francophone, il pourra rapidement atteindre un niveau de communication simple et sera par conséquent considéré, après peu de temps, au même titre que les autres élèves. Le linguiste Jim Cummins et d'autres chercheurs parlent de la « façade linguistique » que ces enfants montrent après peu de temps d'exposition à la seconde langue. Ils ont acquis une aisance dans les contacts avec leur environnement, mais qui est limitée à l'utilisation du langage oral. Cette apparente maîtrise de la langue cache la non-maîtrise des aspects plus abstraits et décontextualisés de la langue.

UN APPRENTISSAGE DIFFICILE

« Ma femme est suédoise et vit en France depuis quatre ans. Elle a une fille âgée de 10 ans, issue d'un premier mariage, qui est scolarisée depuis le CP dans une école française. Elle est actuellement en CM1. Brigitta continue de parler le suédois avec sa mère qui lui apprend à le lire et à l'écrire, mais elle connaît quelques difficultés scolaires depuis le début. Elle s'exprime dans un français tout à fait correct mais il lui manque du vocabulaire et elle a souvent du mal à comprendre les consignes des exercices. De plus, certains référents culturels, notamment en histoire, lui échappent complètement, étant encore très liée à la culture suédoise (elle y passe toutes ses vacances avec sa famille maternelle). Sur l'avis de son institutrice, nous avons consulté une orthophoniste qui ne peut rien pour elle car elle ne souffre d'aucun trouble de ce point de vue. Quant au réseau d'aide aux enfants en difficulté qui s'occupe des enfants non francophones à l'école, ils ne veulent

12. Alain Bentolila, dans I. Mazel, M.-C. Bajard, J. Mesnager et N. Robert (coordination), *Regards sur la lecture et ses apprentissages*, ONL, Paris, 1996.

pas la prendre en charge estimant qu'elle parle suffisamment bien le français. L'orthophoniste nous a plus ou moins conseillé de mettre un peu de côté le suédois pour mieux se consacrer à l'apprentissage du français. Mon problème est d'aider Brigitta à progresser en français sans la priver de la langue et de la culture de sa mère. »

Les mécanismes de la lecture

Un nouveau défi sera lancé à l'enfant arrivant au CP : l'apprentissage de la forme écrite de la nouvelle langue. Pour peu qu'il ait fréquenté une école maternelle dans un autre pays, il aura éventuellement déjà jeté les jalons pour cet apprentissage : les écoles britanniques, par exemple, démarrent l'apprentissage de la lecture dès l'école maternelle, les enfants français commencent des activités de prélecture, alors qu'un enfant allemand peut avoir passé toute son enfance jusqu'à 6 voire 7 ans à jouer dans un jardin d'enfants ou à la maison, sans avoir eu aucune approche systématique (apprentissage de l'alphabet par exemple) de la langue écrite.

Revenons en France. L'enfant non francophone et le bilingue précoce consécutif – qui a acquis le français après la langue maternelle – sont confrontés à une difficulté majeure : celle d'aborder l'apprentissage de la lecture avec un bagage linguistique français nul – pour l'enfant allophone – ou moindre par rapport aux enfants francophones – pour le bilingue précoce.

Lors d'une de mes conférences, un auditeur faisait part de son incompréhension des difficultés des élèves non francophones pour l'apprentissage de la lecture, alors qu'ils se trouvaient dans la même situation que les petits francophones : eux aussi ne savaient pas lire ! Apprendre à lire serait donc indépendant de la langue que l'on parle ? Quand un enfant apprend à lire et à écrire, il acquiert une méthode entièrement nouvelle et efficace pour représenter le monde qui l'entoure. L'enfant doit apprendre qu'à un son (phonème) correspond une lettre ou un groupe de lettres écrit (graphème), qu'à une image mentale correspond une suite de graphèmes, un mot écrit. Il doit comprendre qu'on peut représenter ce qui se dit par des traits sur un papier, il doit apprendre aussi que cette correspondance entre une image mentale (« maman » par exemple) et sa représentation graphique est régie par des règles, l'orthographe.

L'acte de lire fait appel à deux variables, la reconnaissance des mots et la compréhension orale. Le cerveau élabore et met en mémoire un répertoire de mots de la langue orale et leur signification. Ce répertoire s'enrichit très rapidement durant les premières années de la vie. À 6 ans, un enfant a acquis un répertoire d'environ 3000 mots en vocabulaire actif (il produit ces mots) et environ 8000 mots en vocabulaire réceptif (il comprend les mots mais ne les utilise pas). Un préalable à la compréhension du code alphabétique est la conscience phonologique, mise en évidence depuis vingt ans par de très nombreux travaux de chercheurs dans différentes langues alphabétiques. Pour apprendre à représenter les sons du langage parlé par des lettres, l'enfant doit être capable de décomposer les mots en segments phonologiques. Il peut reconnaître, par exemple, les mots « main » et « pain » sur le plan phonétique et connaître leur sens, ce qui est suffisant pour le langage oral. Mais découvrir que les deux mots riment, qu'ils ont une syllabe et deux phonèmes différents n'est pas nécessaire pour traiter le langage oral[13]. Cette capacité de prélecture indispensable est développée grâce aux activités organisées en école maternelle. Cependant, la conscience phonologique et la capacité de décomposer un mot en segments ne garantissent pas à elles seules la lecture. Il ne suffit pas de savoir déchiffrer des lettres si on ne comprend pas ce qu'on lit. La conscience phonologique doit être couplée avec l'exposition précoce à des textes écrits – livres d'images et histoires – afin de développer la compréhension du texte écrit.

13. M. Zorman, « Précarisation et apprentissages scolaires », *Précarisation, risque et santé*, INSERM, Paris, 2001, p. 273-291.

L'enfant bilingue et l'enfant monolingue face à la lecture

En général, les enfants d'âge préscolaire apprennent à reconnaître les lettres et à « lire » des mots écrits accolés à une image. Mais quand on leur montre, à 4 ans, le mot seul, ils sont incapables de reconnaître son sens. La psychologue Ellen Bialystok a testé cent trente-sept enfants bilingues (français-anglais et chinois-anglais) et monolingues anglais de 4 et 5 ans sur leur capacité à reconnaître le sens d'un mot écrit et donc de reconnaître que le mot écrit pouvait représenter symboliquement un objet, au même titre qu'une image[14]. Elle a d'abord montré une carte avec un mot écrit qui était placée sous l'image d'un objet nommé (par exemple, un chien). Elle a ensuite déplacé la carte avec le mot écrit sous une autre image. Deux fois plus d'enfants bilingues de 4 ans – par rapport aux enfants monolingues – reconnaissaient le mot en nommant l'objet correct. Selon Ellen Bialystok, les enfants bilingues savent que c'est le mot écrit qui porte le sens et non l'image et ceci dans leurs deux langues. Ils semblent avoir plus de facilités à intégrer rapidement le principe de correspondance entre représentation mentale et écriture car ils sont déjà habitués à l'arbitraire du lien entre une image mentale et le signifiant correspondant.

Dans quelle langue doit avoir lieu l'apprentissage de la lecture chez l'enfant bilingue ? L'expérience de l'enseignement par immersion au Québec (l'enseignement se fait en français pour les enfants anglophones) a montré qu'il est possible, par un enseignement approprié, que des enfants apprennent à lire dans une langue dans laquelle ils n'ont pas une connaissance extensive du vocabulaire[15]. Ainsi, il semble que dans le cas d'un bilinguisme additif (où une langue valorisée s'ajoute à la langue dominante) le choix de la langue (langue première ou seconde langue d'abord) pour l'apprentissage de la lecture n'est pas décisif pour le développement des compétences en

14. E. Bialystok, « Effects of bilingualism and biliteracy on children's emerging concepts of Print », *Developmental Psychology*, vol. 33, n° 3, 1997.

15. J. Cummins, « Immersion education for the Millennium : what we have learned from 30 years of research on second language immersion », Ontario Institute for Studies in Education of the University of Toronto, 2003.

lecture. En revanche, la quantité de lecture que fait un enfant est prédictrice d'un haut niveau de littératie (capacité à utiliser la langue écrite dans tous les domaines de la vie) : c'est la lecture intensive qui donne accès à un vocabulaire riche, qui est à son tour le meilleur garant pour une haute compétence en lecture et en écriture.

Selon le principe de l'interdépendance des langues développé par le Canadien Jim Cummins, ce qui est appris dans une langue sera connu dans l'autre. Cela signifie que dans un programme bilingue japonais-anglais au Japon, par exemple, l'enseignement de la lecture en anglais ne développe pas seulement des compétences en lecture dans cette langue, mais développe en même temps une compétence conceptuelle-linguistique plus profonde qui améliore l'apprentissage de la lecture en japonais. En d'autres termes, cette compétence commune sous-jacente (*Common Underlying Proficiency* ou CUP) rend possibles le transfert des compétences cognitives et le mécanisme de la lecture d'une langue à l'autre. La compétence commune sous-jacente permet par exemple à une personne bilingue de lire une histoire en danois et de raconter ce qu'elle vient de lire à son interlocuteur en français.

Les parents d'enfants bilingues se demandent souvent comment allier l'apprentissage de la langue de l'école et celui de la langue de la famille. Beaucoup de parents expatriés, fortement liés au français, langue familiale, expriment leur inquiétude de savoir que leur enfant apprend à lire et écrire dans la langue du pays où ils vivent, et craignent qu'il ne puisse acquérir les mêmes savoirs dans la langue maternelle. Ils ont du mal à accepter que leur enfant commence la lecture dans l'autre langue et, de crainte de prendre du retard, commencent à « enseigner » la lecture en français à l'enfant. Si l'on se réfère à l'expérience canadienne d'immersion citée plus haut et au principe du transfert des compétences, il n'y a pas lieu d'être inquiet pour la lecture en langue maternelle de ces enfants.

C'est ce que confirme une expérience d'immersion en anglais en Belgique. À Liège, plusieurs écoles primaires francophones sont impliquées dans ce projet. Dans la plupart de ces écoles, l'immersion en anglais commence en grande section de maternelle. Les enfants commencent l'apprentissage de la lecture et de l'écriture en anglais au CP. Un an plus tard, en CE1, les élèves abordent l'apprentissage de la lecture en français, alors que l'apprentissage de l'écriture – et donc de l'orthographe – n'est introduit qu'en CE2.

Les enfants participant à ce programme d'immersion ont été suivis par une équipe de chercheurs de l'université de Liège[16]. On a testé les compétences en lecture et en compréhension du français chez cent cinquante enfants de 7 à 12 ans. Leurs performances ont été comparées à celles d'enfants francophones suivant un enseignement monolingue. Les tests concernaient la vitesse de lecture, le type et le nombre d'erreurs, ainsi que la conscience phonologique (manipulation de la rime et du phonème). La seule différence constatée entre les deux groupes réside dans la vitesse de lecture. Au début de l'apprentissage, les enfants bilingues, partant spontanément du système de correspondance graphème-phonème anglais, mettent quelques instants à réaliser qu'ils sont dans un système français et à corriger la lecture en conséquence. Les enfants en immersion montrent, dès le début de la scolarité, un avantage sur les enfants monolingues en ce qui concerne la conscience phonologique.

UN TRANSFERT DE COMPÉTENCES

«J'ai attendu que ma fille ait bien démarré l'apprentissage de la lecture en allemand pour commencer avec le français après m'être assurée auprès de son institutrice qu'elle n'avait pas de problème à l'école. Après cette "autorisation", j'étais prête à attaquer l'apprentissage de la lecture en français pour m'apercevoir avec stupéfaction qu'elle savait déjà! Je ne sais toujours pas comment ça s'est passé, elle a dû "apprendre" toute seule parallèlement par déduction de ce qu'elle savait de l'oral et du déchiffrage de lettres appris à l'école. Il y avait bien sûr des erreurs de prononciation mais ça a été vite rectifié.»

16. A. Comblain, «L'apprentissage des langues étrangères en milieu scolaire et préscolaire: de l'utilité de l'immersion linguistique précoce», *Actes des «Entretiens de Bichat. Entretiens d'orthophonie 1998»*, Expansion scientifique française, Paris, 1998, p. 17-27.

Il y a donc transfert des compétences de lecture d'une langue sur l'autre. Si, au début, il existe quelques hésitations ou « mélanges » de prononciation au niveau des mots, ces difficultés disparaissent au fur et à mesure que l'enfant progresse dans l'apprentissage.

Considérant les mécanismes cognitifs en jeu dans l'apprentissage de la lecture, on comprend les difficultés d'un enfant qui entre à l'école élémentaire sans maîtriser la langue qui y est parlée et sans avoir pu développer une conscience phonologique suffisante, ne serait-ce que dans sa langue maternelle. Dans ce cas d'un bilinguisme soustractif (scolarisation par submersion dans la langue de la majorité et développement insuffisant de la langue maternelle), le plus défavorable aux apprentissages scolaires, il est primordial que l'enfant puisse bénéficier d'un support pédagogique (classe d'initiation) aussi longtemps que nécessaire pour pouvoir développer toutes les compétences langagières.

Quel enseignement pour l'enfant bilingue ?

Les parents récemment arrivés en France (ou francophones expatriés dans un autre pays) n'ont en général pas d'autre choix que de compter sur l'école pour transmettre une bonne connaissance de la langue du pays à leur enfant. Selon une idée largement répandue, plus un enfant est exposé à la seconde langue, plus vite il l'apprendra. C'est possible pour l'enfant d'âge préscolaire qui pourra acquérir la nouvelle langue dans l'environnement informel de l'école maternelle. Ce n'est pourtant plus le cas pour un enfant de plus de 6 ans. Vu les connaissances actuelles sur l'apprentissage de la lecture et sur l'acquisition des compétences « académiques » de la langue, il n'est pas conseillé de scolariser un enfant en immersion complète dans l'école du pays sous prétexte que plus il entendra la nouvelle langue, plus vite il l'apprendra.

Pour les enfants de cet âge, la meilleure manière de promouvoir le développement de la seconde langue est l'utilisation conjointe de la langue maternelle et de la langue du pays pour la transmission des savoirs. Les enfants dans un tel cursus bilingue font de meilleurs progrès en langue seconde, contrairement à ce qu'on pourrait penser. Ce système – trop rare malheureusement en France – a en outre l'avantage de développer la langue maternelle et donc d'éviter l'érosion de celle-ci.

Parfois il peut être conseillé de scolariser l'enfant d'âge scolaire d'abord en grande section d'école maternelle pour le laisser acquérir les compétences orales en français et en même temps bénéficier des activités de préparation à la lecture. Bien entendu, on se trouve dans la situation difficile de devoir choisir entre une scolarisation correspondant à l'âge de l'enfant et celle donnant priorité à l'acquisition du français. Le choix idéal serait certainement une école bilingue ayant comme langue d'enseignement d'abord la langue dominante de l'enfant en s'ouvrant progressivement à l'utilisation de la langue du pays.

Avec l'école élémentaire commence, pour tout enfant bilingue, une période charnière où le choix du système d'enseignement déterminera le devenir de son bilinguisme pour les années à venir. Le souhait de nombreux parents est certainement la continuité des compétences bilingues. Que l'enfant présente des compétences dominantes en français ou dans l'autre langue, l'influence de l'école est telle qu'en peu de temps le français deviendra majoritaire chez tous les enfants. C'est dû, d'une part, au temps scolaire extrêmement long dans le système français comparativement à d'autres systèmes scolaires et, d'autre part, à l'amorce des apprentissages fondamentaux comme la lecture et l'écriture ; la langue est « fixée » davantage dans le cerveau, contrairement à la langue devenue « minoritaire » qui ne repose que sur une pratique orale. Pour lutter contre l'érosion de la langue minoritaire, il faudra veiller à ce qu'une place suffisante lui soit aménagée dans la journée. La solution idéale serait évidemment, là encore, l'enseignement bilingue où les deux langues sont utilisées pour la transmission des savoirs.

6

De la difficulté d'être bilingue

Le bilinguisme en péril

Quelle place pour la langue familiale ?

Comme déjà mentionné, dès l'entrée à la « grande école », la situation de la langue familiale s'affaiblit. Pour peu que la langue d'origine ne soit pas considérée comme un atout supplémentaire pour la réussite scolaire, de nombreux parents tendent à négliger leur langue maternelle au profit de la langue du pays. Ils se mettent à parler français en famille dans l'intention d'aider leur enfant dans son intégration à l'école. Selon l'avis de nombreux chercheurs, l'interruption prématurée de l'acquisition de la langue maternelle peut avoir des répercussions sur le développement cognitif de l'enfant, sans parler du fait que le rôle éducatif des parents est affaibli par l'utilisation d'une langue mal maîtrisée.

On sait que dans le bilinguisme consécutif les deux systèmes linguistiques sont interdépendants, c'est-à-dire que la seconde langue peut se développer seulement si la première langue continue à progresser[1]. À l'inverse, le développement de la seconde langue influe sur celui de la langue maternelle. Il semble important que la langue maternelle puisse atteindre un niveau de compétence suffisant pour permettre à la seconde langue de s'installer sur la base de ces acquis.

Prenons l'exemple d'un enfant allophone (qui parle une autre langue que la communauté où il vit) qui entre à l'école à 5 ans, âge auquel sa langue maternelle est encore en développement. Il continuera à pratiquer celle-ci dans son milieu familial tout en entamant l'acquisition du français à l'école. La première langue fournit pour ainsi dire le terrain fertile pour que le français puisse se développer. Dans ce cas, l'enfant sera bilingue en peu de temps. Plus il développera les compétences linguistiques et conceptuelles en langue maternelle, plus la seconde langue puisera dans ces compétences par un mécanisme de transfert, pour évoluer à son tour à un haut niveau de compétence.

UN EFFORT PERMANENT

« Je me vois mal parler en anglais à mon fils alors que ce n'est pas ma langue maternelle et que j'ai évidemment un accent français quand je parle anglais. La langue majoritaire s'apprend à l'école, dans la rue, avec les copains, à la télévision... La langue minoritaire ne dispose pas des mêmes voies royales d'apprentissage. La maintenir, voire même la faire progresser (ne pas se contenter, par exemple, de la compréhension et de l'expression orale mais demander également un apprentissage en lecture et écriture) est une montagne à escalader un peu chaque jour. Difficile, mais pas impossible. Nul besoin de se presser. Procéder par étapes. Avancer, toujours, même par petits pas. En tout cas, j'ai le sentiment de faire un sacré cadeau de vie à mon fils. Il a cette chance insolente d'être bilingue et, surtout, d'être biculturel. Peut-être qu'il choisira, plus grand, une langue plutôt qu'une autre. Peut-être

1. J. Cummins, « Semilingualism », dans R. R. Asher (ed.) *International Encyclopedia of Language and Linguistics*, 2e éd., Elsevier Science Ltd, Oxford, 1994, p. 3812-3814.

qu'il rejettera le français, une fois ado. Je ne sais pas et, de toute façon, cette décision lui appartiendra. »

Si l'acquisition de la langue maternelle est interrompue à un moment où son développement n'est pas terminé, notamment au niveau de la formation des concepts, la seconde langue ne trouve pas de base suffisamment solide pour s'installer. Autrement dit, si des parents décident d'arrêter brutalement l'utilisation de la langue maternelle avec leur enfant, par souci de lui faciliter l'apprentissage du français, ils risquent d'entraver justement la progression du français.

Notons que ce paradigme se trouve confirmé dans des situations de contact entre une langue dominante et certaines langues minoritaires. Pour arriver à la situation d'influence mutuelle négative de deux langues, il faut que plusieurs paramètres soient réunis : la langue maternelle est une langue « mineure » ou « rare » (selon la dénomination de l'Éducation nationale), elle ne jouit pas de supports écrits (journaux, livres), son utilisation est réduite aux interactions interpersonnelles quotidiennes et la famille accorde une place prépondérante à la langue française, pourtant insuffisamment maîtrisée.

En France, tous les locuteurs de langues « mineures » ne sont pas concernés par l'abandon précoce de la pratique. Une enquête sociolinguistique[2] à Lyon a, par exemple, observé une grande vitalité langagière (maintien de la langue dans les familles et transmission aux enfants) de certaines langues comme le turc ou le cambodgien. Un réseau communautaire important, l'accès à des programmes de télévision en langue d'origine contribuent à valoriser et à maintenir l'usage de la langue dans le domaine privée.

—— RATTRAPER LE TEMPS PERDU

Lena est d'origine russe et vit depuis plusieurs années en Allemagne. Elle est venue du Kazakhstan, cette ancienne république soviétique où Staline avait déporté après la guerre de nombreux Russes d'origine allemande, arrivés deux ou trois siècles auparavant pour des

2. M. Akinci, J. De Ruiter et F. Sanagustin, *Le Plurilinguisme à Lyon. Le statut des langues à la maison et à l'école*, L'Harmattan, Paris, 2004.

raisons économiques autour de la Volga. Ces Russes d'origine allemande ont aujourd'hui le droit de faire le chemin inverse et de venir s'installer en Allemagne, où ils acquièrent automatiquement la nationalité allemande. Le mari de Lena est l'un de ces descendants des « Russes-Allemands de la Volga, déportés au Kazakhstan ». Parce qu'il fait mieux vivre dans une petite ville allemande que dans ce désert économique qu'est devenu le Kazakhstan, ils ont donc tous deux décidé d'« émigrer » en Allemagne. Le mari de Lena a trouvé du travail dans une petite ville du Schleswig-Holstein.
Première priorité : apprendre l'allemand pour s'intégrer, pour être accepté par les voisins, par les parents de l'école, par les collègues de travail, par les marchands du quartier. Lena a pris des cours d'allemand, et à la maison, avec ses enfants, elle a parlé allemand. Grâce à cela, elle a pu faire des progrès rapides, et s'est ainsi intégrée (assez) rapidement dans son pays d'adoption. Prix de cette insertion : son fils aîné (12 ans), né au Kazakhstan, comprend le russe, mais ne le parle pas. Son fils cadet (9 ans) ne comprend pas la langue de sa mère. Maintenant que la maîtrise de l'allemand n'est plus une priorité pour elle, elle se demande comment rattraper le temps perdu.

Peut-on oublier sa langue maternelle ?

Cette question passionne la recherche et inquiète les bilingues : peut-on oublier une langue qu'on a apprise étant enfant, et à plus forte raison la « mythique » langue maternelle ? Cette interrogation est justifiée quand on vit dans un pays où la langue majoritaire est la seconde langue du bilingue. Elle intéresse toute personne bilingue qui vit dans un contexte de bilinguisme dominant, avec une première langue en position faible, car parlée seulement dans la famille ou par un groupe restreint de personnes.

La première étape de l'érosion d'une langue – appelée *attrition* en linguistique – est caractérisée par les hésitations à trouver le mot juste, par l'utilisation fréquente d'emprunts à la langue dominante, pour aboutir, après de longues années de contact avec la langue dominante, à l'impossibilité de produire des énoncés dans la langue maternelle.

Il existe de nombreuses études démontrant que l'importance de l'attrition d'une langue dépend de l'âge auquel celle-ci a débuté. Il semble même que l'âge de la puberté ait un rôle clé à jouer dans l'attrition. Si un enfant, suite à l'exposition à une seconde langue dominante, ne pratique pas suffisamment sa première langue, le risque est grand que la langue s'affaiblisse sérieusement, pouvant même aller jusqu'à l'oubli. Si, au contraire, la première langue reste active jusqu'à la puberté, il y a de fortes chances qu'elle reste acquise, même après des décennies passées dans un environnement avec une seconde langue dominante.

—— UNE PREMIÈRE LANGUE PASSAGÈRE

« Ma fille a 6 ans. Elle est au CP, cela semble bien se passer. Je suis française, son père est danois. Claire est née au Danemark et les premiers mots qu'elle a prononcés étaient danois. Elle avait 3 ans quand nous sommes partis pour la France, où, après un an de maternelle, elle a oublié tous les mots danois qu'elle savait. »

On sait depuis longtemps que l'immersion dans un environnement linguistique différent a comme conséquence un rééquilibrage des langues du bilingue. Très rapidement il devient dominant dans la langue de l'environnement.

Mais cela ne signifie pas que la personne est sur le chemin de l'oubli de sa première langue. Pour arriver à cette extrémité il faut qu'un certain nombre de paramètres soient réunis. Ainsi, l'attitude envers la première langue, son statut dans la société, ainsi que des facteurs d'ordre affectif sont impliqués dans le processus d'attrition d'une langue. On pense par exemple qu'un stress émotionnel généré par des circonstances exceptionnelles (une persécution, par exemple) peut avoir un effet accélérateur sur l'attrition d'une langue[3]. L'adoption est aussi une situation hautement émotionnelle pour un enfant et il y a des indices montrant que celle-ci a un impact sur l'attrition, comme le montre l'étude de jeunes Français adoptés, d'origine coréenne, citée dans un chapitre précédent. Les résultats surprenants de

---

3. M. S. Schmid, *First Language Attrition, Use, and Maintenance. The case of German Jews in anglophone countries*, John Benjamins, Amsterdam et Philadelphie, 2002.

cette étude apportent une preuve que la fixation des circuits neuronaux pour le traitement de la langue maternelle est réversible durant les premières années de vie et qu'une première langue peut donc bel et bien être oubliée si une autre langue prend sa place jusqu'à un âge aussi avancé que 8 ans (un des sujets de l'étude avait été adopté à 8 ans).

QUAND LA LANGUE « RÉAPPARAÎT »

«J'ai entendu l'anglais et le français dès ma naissance... À 6 ans, il semble que j'ai refusé du jour au lendemain l'anglais, parce que nous vivions en France... Avec le temps il semble que j'ai même oublié cette langue, je ne parvenais plus à communiquer avec mes cousines au pays de Galles, mais tout est revenu miraculeusement à mon entrée en sixième (sans doute parce que j'avais soudain le "droit" de réapprendre l'anglais, comme tous mes camarades?)»

Il se peut néanmoins, comme concèdent les auteurs de l'étude, que des traces de la première langue restent dans le cerveau, mais que celles-ci ne puissent pas être rendues visibles avec les méthodes actuelles de l'IRMf. Il est donc tout à fait possible que la langue «oubliée» soit rendue active à nouveau après un entraînement des sujets à la langue coréenne. Cela signifie que dans une activité d'apprentissage du coréen ces personnes pourraient faire des progrès plus rapides que d'autres, jamais exposés à la langue. De la même façon, un étudiant français raconte: «Quand j'étais enfant, notre famille voyageait beaucoup pour des raisons professionnelles et de 5 à 8 ans j'ai donc vécu au Japon. Il paraît que je parlais bien japonais, mais je n'ai plus aucun souvenir. J'ai voulu réapprendre le japonais quand j'étais à l'université. À mon grand regret, je n'avais aucun avantage par rapport aux autres étudiants français. Je n'avais aucun souvenir de cette langue et je peinais à apprendre la prononciation et le reste. La deuxième année il s'est produit une chose étonnante: c'est comme si le souvenir m'était revenu, la langue me semblait facile tout d'un coup et je faisais des progrès énormes par rapport aux autres! Aujourd'hui je parle japonais et j'ai à peine un accent français!»

Il est probable que des mécanismes psychologiques liés aux émotions – mais qu'on n'a pas encore pu déceler – soient en jeu. Comment autrement expliquer que des personnes sous hypnose se soient mises à parler une langue « oubliée » de leur enfance, qu'ils étaient incapables de comprendre une fois réveillés[4].

Comme pour l'acquisition du langage et des langues, il semble qu'il existe une période sensible pour la perte d'une langue : plus l'acquisition d'une seconde langue est rapide pour l'enfant (durant la période sensible), plus grande est la probabilité qu'il oubliera sa première langue. Autrement dit, plus un enfant est jeune quand sa première langue s'affaiblit, plus l'oubli de cette langue sera rapide et irréversible[5].

On sait qu'il faut plusieurs années avant que la première langue soit complètement « fixée » dans le cerveau ainsi qu'au niveau des représentations mentales, bien qu'il soit impossible de déterminer un âge précis auquel ce processus serait terminé. Durant cette période d'« installation » de la langue, elle peut facilement être remplacée par une autre[6].

Dans la recherche, on s'accorde pour dire que l'oubli de la première langue peut être total si une seconde langue devient dominante avant l'âge de 8 ou 9 ans. Cette limite d'âge coïncide avec l'âge auquel un enfant a normalement acquis la lecture et l'écriture. Tout permet de penser que cette activité aide à « fixer » davantage la langue dans le cerveau en créant de nouveaux circuits neuronaux. Ainsi la langue serait moins sensible à l'influence d'une seconde langue.

Pour des parents soucieux de préserver la première langue de la famille – et par là même le bilinguisme de leur enfant – ces résultats sont importants. Ils nous font prendre conscience que l'acquisition complète d'une langue est une entreprise longue et que le bilinguisme est loin d'être acquis quand l'enfant

---

4. E. Fromm, « Age regression with unexpected reappearence of a repressed childhood language », *International Journal of Clinical and Experimental Hypnosis*, 18, p. 79-88, 1970.
5. B. Köpke, « Language attrition : the next phase », dans M. S. Schmid, B. Köpke, M. Keijzer et L. Weilemar (eds.) *First Language Attrition : Interdisciplinary perspectives on methodological issue*, John Benjamins, Amsterdam, 2004.
6. *Ibid.*

commence à parler en deux langues. Depuis la première décision d'un couple d'élever son enfant en deux langues ou depuis l'arrivée de la famille expatriée dans le pays de résidence jusqu'au bilinguisme réel de l'enfant, des facteurs multiples et variés auront mis en péril le développement bilingue.

Parmi ces facteurs, le jugement des professionnels de l'éducation quant aux compétences langagières de l'enfant occupe une place prépondérante. Lorsqu'un trouble du langage se manifeste à l'école, le risque est grand que le bilinguisme soit mis en cause.

Le retard de langage

La tâche des enseignants est de repérer au plus tôt tout retard de langage afin de prévenir d'éventuels problèmes scolaires qui entraveraient l'apprentissage de la lecture. Cette attitude ne tient malheureusement pas compte des particularités de l'enfant qui vit en contact avec deux langues.

Nous avons vu précédemment que le langage d'un enfant bilingue peut toujours apparaître « en retard » par rapport à une norme monolingue. Est-il besoin de rappeler que le nombre de mots que connaît un enfant bilingue de 2 ans dans une de ses langues ne sera pas le même que chez l'enfant monolingue du même âge ? Notons aussi que le développement du langage doit toujours être considéré dans un cadre plus large de développement général de l'enfant.

—— LE BILINGUISME ÉPINGLÉ

« Nous sommes un couple mixte, je parle français à notre fils Yoann et mon mari lui parle en allemand. Nous vivons en France. Yoann, 3 ans, mélange l'allemand et le français et ne s'exprime clairement ni dans une langue ni dans une autre. Il est entré à l'école maternelle cette année. L'institutrice a demandé à mon mari de ne plus s'adresser en allemand à son fils car cela devait être à l'origine de son retard de langage. L'allemand est également la langue des cousins et des grands-parents que nous visitons régulièrement. Mon mari vit très mal ce reproche déguisé et moi-même, je commence à m'affoler. Nous vivons mal cette rentrée à l'école, nous voulons continuer à lui parler chacun notre "meilleure" langue, mais l'impression d'être mis à l'index et, pire, d'avoir fait un choix malheureux nous a rendus inquiets et moins naturels avec notre enfant. »

Prenons l'exemple de Paul, enfant bilingue franco-allemand qui fréquentait il y a quelques années un jardin d'enfants allemand en région parisienne. À 3 ans, son langage se résumait à quelques mots, au point où sa mère, allemande, se demandait s'il ne fallait pas abandonner l'allemand à la maison. Elle était d'autant plus inquiète qu'un autre enfant, monolingue francophone du même âge, Yann, faisait déjà des phrases complexes. Mais la différence entre les garçons était aussi frappante sur le plan moteur et particulièrement de la motricité fine. Paul était très habile quand il s'agissait d'enfiler des perles, alors que Yann était incapable de manipuler ces petits objets et en « retard » sur le plan psychomoteur. Il avait d'abord privilégié ses capacités langagières et de communication. Paul, plus retenu, « s'exprimait » plutôt avec ses doigts dans la manipulation d'objets. Aujourd'hui tous deux sont lycéens et d'excellents élèves.

En attribuant un retard simple de langage au bilinguisme, on risque de passer à côté des vraies causes. Le bilinguisme n'immunise pas contre des troubles psychologiques ou autres anomalies du développement qui compromettraient une bonne acquisition du langage. Une des causes fréquentes du retard de langage sont les otites à répétition, passées inaperçues. Elles sont souvent à l'origine d'une baisse de l'audition. L'enfant ne peut pas répéter correctement les sons s'il ne les distingue pas, ce qui a pour résultat une prononciation approximative et un retard des acquisitions.

Il faut considérer avec prudence l'argument de certains orthophonistes, affirmant qu'une « mauvaise gestion » des langues – sous-entendu la pratique de l'alternance des codes – dans la famille pourrait entraver un développement correct du langage. Comme nous avons vu dans un précédent chapitre, il n'est pas rare que dans une famille circulent plusieurs langues dans un joyeux mélange. Rien ne permet d'affirmer que cette pratique courante a un effet négatif sur le développement du langage de l'enfant.

Malheureusement, si cette gestion particulière des langues, aux yeux des monolingues, a lieu dans un environnement socialement défavorisé (parents pris dans des problèmes de logement, de chômage, de discrimination, etc.), l'enfant a peu de chances d'acquérir un français correct. Dans une telle situation on occulte facilement tous les problèmes sociaux pour se concentrer sur la seule langue. Le résultat en est l'interdiction, au sein de la famille, de l'autre langue, considérant que cette précaution permettrait un meilleur apprentissage de la langue française et la prévention de l'échec scolaire[7].

Bilinguisme et autres troubles du langage

On attribue trop facilement au bilinguisme la raison du bégaiement de l'enfant et on en conclut que le traitement doit passer par la suppression de la langue maternelle. Le bégaiement est un problème de « mécanique de la parole », un problème de coordination motrice, et touche quatre fois plus de garçons que de filles entre 2 et 5 ans. Les personnes qui bégaient sont sensibles au stress, à la fatigue, aux émotions et à l'excitation[8]. Un enfant bilingue qui rentre de l'école, impatient de raconter un événement à sa mère, doit faire un effort supplémentaire pour transposer ce qu'il a vécu dans l'autre langue. Pour peu qu'il règne une certaine rigidité quant à l'utilisation des langues dans la famille (interdiction de parler la langue de l'école avec la mère, etc.), le bilinguisme peut contribuer au bégaiement dans la mesure où il peut être un facteur de stress supplémentaire pour l'enfant. Chez un enfant ayant une prédisposition au bégaiement, la gestion rigide des langues va augmenter celui-ci.

Le remède n'est pas de bannir la seconde langue, mais d'aborder les langues avec plus de souplesse : ne pas imposer

---

7. *Cf.* E. Bautier, « Enfants de migrants, langue(s) et apprentissage(s) », *op. cit.*, p. 65-73.
8. Communication sur : http://www.ooaq.qc.ca/Fiches/begaie.htm

une langue de communication, mais laisser l'enfant utiliser la langue qu'il veut. Récemment une équipe australienne[9] a montré que le bégaiement chez un enfant bilingue peut être guéri si on se concentre dans le traitement sur la première langue de l'enfant. Le bégaiement dans la seconde langue disparaît en même temps. C'est bien la preuve que le bilinguisme n'est pas la cause de ce trouble de la parole.

La dyslexie est un autre trouble du langage dont on attribue parfois la cause au bilinguisme. Elle est définie comme un retard de plus de 18 mois dans l'apprentissage de la lecture. La question se pose de savoir si c'est le bilinguisme qui induit la dyslexie ou si la dyslexie rend difficile le développement bilingue. Certains linguistes, comme Ludo Beheydt[10] de l'université de Louvain en Belgique, penchent pour cette dernière hypothèse. Selon lui, la tâche complexe de relier chaque mot à son concept est plus intense pour un enfant bilingue, car il doit relier non pas un mot, mais deux mots à un concept. Pour un enfant qui a déjà des difficultés à traiter les informations à vitesse normale, l'obligation d'avoir deux systèmes de sonorités pourra ralentir la rapidité de son traitement au point d'entraver, voire de perturber, sa compréhension.

Le linguiste pense que certains enfants dyslexiques pourront trouver que « le bilinguisme est une épreuve exténuante, car les opérations auditives et cognitives indispensables à l'apprentissage simultané de deux langues requièrent des facultés linguistiques et cognitives supplémentaires[11] ».

Comme la dyslexie concerne le langage écrit, la solution ne réside pas dans l'abandon du bilinguisme à la maison ; il ne paraît cependant pas judicieux de scolariser un enfant dyslexique dans un cursus bilingue[12].

9. I. Rousseau, « Better insight into treating bilingual children who suffer from a stutter », Medical Research News, http://www.news-medical.net, 23 sept. 2004.
10. L. Beheydt, « Le bilinguisme et les troubles spécifiques de l'apprentissage », dans « Bilingualism and the Young », *Le Langage et l'Homme*, vol. XXIX, n° 3, 1994, p. 225-247.
11. *Ibid.*
12. Voir aussi le chapitre détaillé consacré à ce point dans, du même auteur, *Guide à l'usage des parents d'enfants bilingues*, Éditions La Découverte, Paris, 2012.

Première et seconde langue : des rapports difficiles

De la motivation d'apprendre

—— UNE NOUVELLE LANGUE À TREIZE ANS

« En 1946 j'avais 13 ans et demi quand j'ai immigré en Israël... J'avais tant de langues, mais toutes ensemble ne suffisaient pas à communiquer. Je me sentais comme un bègue, parlant la langue du corps et non de la bouche. J'essayais de m'exprimer avec ce que j'avais. Peu à peu j'ai appris l'hébreu. Ce fut un gros effort de faire entrer une langue articulée différemment des autres langues que je connaissais. Ce n'est pas une langue qui jaillit de toi, mais c'est comme se remplir de gravier. J'ai beaucoup travaillé pour apprendre l'hébreu, comme pour creuser dans la montagne... »
Aaron Appelfeld, écrivain, Israël[13].

L'exemple en encadré de l'écrivain israélien Aaron Appelfeld montre bien que la première motivation d'un enfant de s'approprier un nouveau code linguistique est le désir de communiquer avec les personnes dont c'est la langue. Si le jeune Aaron avait rencontré autour de lui des personnes parlant une de ses langues maternelles, il n'aurait nullement eu besoin de s'approprier l'hébreu. « C'est l'occasion qui fait le bilingue » pourrait-on dire en détournant un proverbe bien connu.

« J'aimerais bien savoir parler allemand (ou anglais ou italien) mais c'est trop difficile à apprendre » : tel est l'argument de tant d'adultes français quand ils excusent leur ignorance linguistique. Si l'envie de « savoir parler » une langue n'est pas liée à la nécessité de l'utiliser au quotidien ou au désir de construire une relation humaine avec un (ou des) locuteurs de cette langue, l'envie restera une lubie sans lendemain. Le jeune Aaron avait décidé de s'installer définitivement en Israël et, pour lui, la motivation d'apprendre la langue du pays était déclenchée par le désir de se fondre dans la société, de devenir un de ses membres. Cette

13. Extrait d'interview, Nurith Aviv, « Misafa, Lesafa. D'une langue à l'autre », documentaire, Productions Swan, ZDF/Arte, 2004.

motivation intégrative, ce désir de s'intégrer dans un groupe où la langue est parlée est un puissant moteur pour l'apprentissage d'une seconde langue. C'est animé par le désir de communiquer que l'enfant va donc se mettre à décoder la langue de ses camarades de classe. Nul problème d'un point de vue linguistique, comme nous venons de le voir. Ce qui va davantage influencer l'attitude de l'enfant vis-à-vis de la nouvelle langue et le devenir de son bilinguisme, c'est l'image de sa langue d'origine que lui renvoie la société.

La formation des stéréotypes

« Mon père est anglais et ma mère française. J'ai entendu les deux langues dès ma naissance. Nous avons presque toujours vécu en France... À 6 ans il semble que j'ai refusé du jour au lendemain l'anglais qui me faisait passer pour l'"étrangère". Mon père a fait plusieurs tentatives mais je répondais en français et en pleurant. C'était le rejet total et irrévocable. »

Une langue n'est pas seulement un outil de communication, elle est aussi un symbole d'appartenance à un groupe. Nous nous identifions par la langue que nous parlons, celle que nous partageons avec un grand nombre de personnes, habitants d'un même pays. Pour nous sentir bien dans notre peau, bien dans notre langue, nous avons besoin de nous comparer aux membres appartenant à un autre groupe, un autre pays, parlant une autre langue. Naturellement, nous trouvons de nombreux avantages à notre langue et par extension à notre pays ; nous développons une attitude positive envers ce que nous sommes, notre langue, notre culture, notre pays. En même temps nous nous faisons une opinion des autres pays, de leurs habitants et de leurs langues, en puisant dans le répertoire des représentations sociales[14] qui circulent autour de nous. Les stéréotypes sur les habitants d'autres pays et leur langue nous permettent de mettre de l'ordre dans le monde complexe qui nous entoure, de forger

14. La psychologie sociale nomme ainsi le processus par lequel les personnes reconstruisent la réalité et lui donnent sens, produisant un savoir social qui influence la nature des relations entre personnes et entre groupes.

notre opinion et une attitude adéquate envers les « étrangers ». Ainsi nous partageons facilement le stéréotype du Chinois travailleur, de la langue chinoise trop difficile, de l'Allemand rigoureux et de sa langue disgracieuse et de l'Anglais flegmatique et de sa langue facile et impérative à connaître. De la même manière, la langue française, les Français sont dotés d'attributs par les autres, les « non-Français », les étrangers.

Tout étranger qui s'installe en France arrivera donc sur un terrain « miné » de stéréotypes à son égard – heureux celui qui parle anglais, il aura de loin le moins d'images négatives à affronter par rapport à sa langue, contrairement à celui qui vient de Pologne ou du Cambodge. Les attitudes envers la langue se transmettent automatiquement sur les personnes qui la parlent et ont un impact sur le comportement des individus et leur utilisation des langues.

L'étude désormais célèbre de l'équipe du Canadien W. Lambert[15], utilisant la technique des « locuteurs appariés » (« *matched guise* »), a été reproduite dans de nombreux pays. Elle montre comment, aux États-Unis, en Israël ou en Suisse, une personne est jugée selon la langue qu'elle parle.

Les résultats des différentes recherches vont tous dans le même sens : si dans un pays un groupe linguistique est dominant du point de vue économique, politique et numérique, non seulement le groupe majoritaire juge les membres de la minorité négativement, mais le groupe minoritaire adopte les attitudes prévalant dans le groupe dominant et s'auto-évalue négativement.

Du préjugé à l'auto-stéréotype

En France, il est bien entendu préférable de maîtriser la langue de la majorité si l'on aspire à un statut social satisfaisant. Toutes les autres langues parlées sur le territoire français sont de fait minoritaires et non déterminantes pour l'identité nationale,

15. W. E. Lambert *et al.*, « Evaluational reactions to spoken language », *Journal of Abnormal and Social Psychology*, 60, 44-51, 1960.

bien que la France reconnaisse soixante-quinze langues comme faisant partie de notre patrimoine culturel. Ces « langues de France » comprennent, en plus des langues régionales, des langues non territoriales, comme l'arabe algérien, le berbère ou le yiddish. Certaines langues renvoient à des représentations négatives et, comme nous l'avons vu précédemment, le jugement de la langue se répercute sur les membres de la communauté qui la parlent. Un enfant issu de cette communauté linguistique rencontrera par conséquent des attitudes négatives à son égard et à celui de sa langue maternelle – qui ne se manifestent d'ailleurs pas toujours de manière explicite mais qui sont parfois exprimées avec une certaine condescendance. Yolande, de parents portugais, est née en France et fréquente la sixième d'un collège en banlieue parisienne. À la maison, elle parle portugais et français avec ses parents. Son professeur de français se montre particulièrement compréhensif avec Yolande en remarquant à chaque mauvaise note en rédaction que c'est normal car le français « n'est pas sa langue ». La stigmatisation permanente, bien que bien intentionnée, a eu comme effet que la petite fille est devenue de plus en plus taciturne et son français en rédaction de plus en plus hésitant. À la maison, elle refuse désormais de répondre en portugais à ses parents. L'enfant intériorise les valeurs véhiculées dans son environnement immédiat, à l'école et dans la société. Très rapidement, presque insidieusement, l'enfant fera siens les stéréotypes négatifs à l'égard de sa langue, adaptant son comportement à la situation délétère dans laquelle il évolue quotidiennement. Selon les psychosociologues[16], l'intériorisation, par l'enfant, des valeurs négatives à l'égard d'une langue explique le refus de certains de continuer à parler cette langue en famille. À l'instar de cette petite fille franco-allemande qui a refusé du jour au lendemain de répondre en allemand à sa mère devant ses camarades de classe, car un des enfants s'était amusé à l'apostropher « berger allemand », ou de ce garçon de 5 ans qui implora sa mère de ne plus lui parler en arabe dans la rue, parce que « ça fait honte de parler arabe ».

16. J.-F. Hamers et M. Blanc, *Bilingualité et bilinguisme*, *op. cit.*, p. 161.

—— UNE LANGUE « MINEURE »

« Je suis jordanienne, mais je vis en France depuis l'âge de 8 ans et j'ai fait toutes mes études ici. Mon mari est français mais il comprend l'arabe. J'ai commencé à parler arabe avec ma fille, mais je n'ai eu que peu d'encouragements de mon entourage ; à l'age de 3 ans elle comprenait les deux langues, mais s'exprimait en français et refusait l'arabe ; finalement j'ai suivi l'avis de mon médecin de ne lui parler qu'une langue et je le regrette. »

Des attitudes déterminantes

Des attitudes négatives envers la langue minoritaire, d'une part, et une valorisation unanime de la langue du pays d'accueil, y compris par les parents de l'enfant, d'autre part, aboutissent à un désintérêt de celui-ci pour sa première langue – associé parfois à un sentiment d'infériorité. Une réaction possible est le repli sur soi, une autre l'agressivité. Nous vivons dans certaines banlieues les conséquences de l'absence – entre autres – d'une politique linguistique adaptée. Comme le remarque justement l'écrivain franco-libanais Amin Maalouf, « lorsqu'on sent sa langue méprisée, sa religion bafouée, sa culture dévalorisée, on réagit en affichant avec ostentation les signes de sa différence[17] ».

—— LA LANGUE MATERNELLE, UN LOURD HÉRITAGE

« Je suis venue de Hongrie en Israël à 4 ans, en 1950. Dehors, je me sentais étrangère, une nouvelle émigrée. À la maison on parlait hongrois, j'avais honte d'inviter les enfants chez moi, car c'était humiliant. Pour ceux qui parlaient yiddish, la situation était pire. Il y avait une hiérarchie : parler yiddish était la plus grande honte, puis venaient le roumain et le hongrois. Ainsi je me suis retrouvée à parler yiddish, roumain, hongrois, allemand, toutes les langues. Mais, enfant, le plus important était d'être comme tout le monde et de parler hébreu. Devant le miroir, durant des heures, j'exerçais mon accent, à transformer le "rr" en "r", pour parler comme tout le monde. Pour moi, parler hébreu comme tous les enfants n'était pas automatique. Je me trouvais dans cette zone

17. A. Maalouf, *Les Identités meurtrières*, Grasset, Paris, 1998, p. 60.

entre les langues, dans ce lieu de malaise, dans cette quête permanente : me fondre dans l'hébreu. » Agi Mishol, poète, Israël[18].

Le sentiment d'infériorité peut se transformer en ressentiment envers la langue dominante, aboutissant à un refus de l'apprentissage de cette langue, à un repli sur soi de la famille. La motivation de s'approprier la langue de l'autre doit être nourrie par le respect mutuel, car, pour parler encore une fois avec Amin Maalouf, « si celui dont j'étudie la langue ne respecte pas la mienne, parler sa langue cesse d'être un geste d'ouverture, il devient un acte d'allégeance et de soumission[19] ».

L'enfant se trouve alors dans cette situation conflictuelle entre le lien à la langue d'origine (s'en éloigner serait considéré comme une trahison) et le désir de se lier aux enfants de son âge en adoptant leur langue. Il ne fera pas d'effort pour s'approprier la langue au-delà du niveau de la communication interpersonnelle et refusera de s'investir dans la tâche d'apprentissage de la langue de l'école. Le linguiste Stephen Krashen a démontré que ce blocage des apprentissages est causé par des facteurs émotionnels comme le manque de confiance et d'estime de soi. Ces sentiments négatifs agissent comme un « filtre affectif » qui empêche un apprentissage efficace[20].

Le conflit est parfois exacerbé par l'attitude de certains professionnels qui, souvent par un élan de bonne volonté, encouragent l'enfant et ses parents à abandonner la langue d'origine en ne reconnaissant aucun intérêt au fait que l'enfant possède déjà une langue. Bien au contraire, l'enfant est considéré « à risques » et très vite on arrive au constat du « handicap linguistique » des enfants « non francophones », entendant par là « qui parlent une langue sans valeur sociale ».

18. Extrait d'interview, Nurith Aviv « Misafa, Lesafa. D'une langue à l'autre », documentaire, Productions Swan, ZDF/Arte, 2004.
19. A. Maalouf, *Les Identités meurtrières*, *op. cit.*
20. S. Krashen, *Second Language Acquisition and Second Language Learning*, Pergamon Press, Oxford, 1981.

—— UNE LANGUE « SANS VALEUR » ?

« Je suis français et mon épouse, d'origine croate, parle français depuis dix ans environ. Depuis la naissance de notre fille Tereza, nous lui parlons chacun dans notre langue maternelle exclusivement. Elle est âgée de 3 ans. Elle va à l'école maternelle depuis trois semaines et déjà l'institutrice nous signale que sa scolarité risque d'être compromise dans la classe supérieure à la rentrée prochaine car elle ne parle pas. L'institutrice déclare que Tereza comprend tout ce qu'on lui dit, mais qu'elle n'a jamais prononcé un seul mot français (du moins compréhensible) en sa présence. L'institutrice a conseillé à mon épouse de ne plus parler à Tereza en croate mais uniquement en français. Elle dit que l'enfant est dans une école française et qu'il m'appartient de faire en sorte que Tereza parle français au plus vite... »

Bien heureusement, les conditions macrosociologiques négatives que nous venons de citer sont parfois déjouées par une attitude positive vis-à-vis de la langue d'origine à l'intérieur de la famille, permettant un développement langagier satisfaisant dans les deux langues[21].

Du déficit au handicap linguistique

L'argument du « handicap linguistique » est parfois utilisé pour expliquer la situation d'échec scolaire que vivent certains enfants. « Bien que, dans leur grande majorité, les enfants de migrants appartiennent à des milieux sociaux (très) défavorisés, dans les représentations des enseignants et d'une bonne partie de la population, c'est d'abord l'origine linguistique et culturelle non francophone qui est stigmatisée » écrit la psycholinguiste Élisabeth Bautier[22]. Tout se passe comme si les enfants arrivaient à l'école française dans l'ignorance la plus totale, leur passé linguistique, culturel et éventuellement scolaire étant occulté. Certes, quelques langues européennes sont exemptes de l'image

21. R. Landry et R. Allard, « Contact des langues et développement bilingue : Un modèle macroscopique », *La Revue canadienne des langues vivantes*, 46, 1990.
22. E. Bautier, « Enfants de migrants, langue(s) et apprentissage(s) », *Migrants Formation*, n° 83, 1990, p. 65-73.

du « handicap » à condition toutefois que les enfants arrivent rapidement à une compétence égale à celle d'un enfant francophone.

Dans le cas contraire (enfant timide, qui prend une position d'attente) est avancée la menace du « semilinguisme ». Ce terme fut forgé il y a une trentaine d'années par des chercheurs suédois[23] pour décrire la situation linguistique des enfants de parents immigrés finnois en Suède qui avaient une maîtrise insuffisante de leur langue maternelle et du suédois. De par la migration de leurs parents ils n'étaient pas devenus bilingues mais semilingues. Le semilinguisme implique qu'un individu a un vocabulaire limité, une grammaire approximative, qu'il a du mal à penser et à exprimer ses émotions dans chacune de ses langues. Les chercheurs émettaient l'hypothèse que le contact simultané avec deux langues aboutissait chez certains enfants au semilinguisme. Le bilinguisme serait chez eux « soustractif », ce qui signifie que la présence d'une langue maternelle différente de celle de l'école a un effet inhibant sur l'acquisition de cette dernière. L'idée des effets négatifs d'un certain bilinguisme est malheureusement encore largement répandue en France. Pour éviter le semiliguisme, on a longtemps préconisé une solution apparemment simple, l'élimination de la cause, en l'occurrence la langue maternelle. Pour le psychologue Barry McLaughlin, la méfiance des langues d'« origine » est symptomatique d'une attitude plus générale : « La langue représente une culture et la personne bilingue appartient souvent à une minorité dont les valeurs et le mode de pensée sont peu familiers pour la "majorité". La langue est quelque chose que l'on peut identifier et tenter d'éradiquer sans montrer notre méfiance et notre peur des autres[24]. »

UN DÉSÉQUILIBRE LINGUISTIQUE

« J'ai remarqué cette année que l'anglais de ma fille n'est pas au même niveau que celui des enfants de son âge exposés quotidiennement au langage des adultes qui parlent un anglais

23. T. Skutnabb-Kangas et P. Toukoma, *Teaching Migrant Children's Mother Tongue and Learning the Language of the Host Country in the Context of the Social-cultural Situation of the Migrant Family*, Finnish National Commission for Unesco, Helsinki, 1976.

24. B. McLaughlin, « Second language acquisition in childhood », vol. 1, *Preschool Children* (2e éd.), Erlbaum, Hillsdale, NJ, 1984 (traduction de l'auteur).

> sophistiqué. Ce qui donc était une richesse et un atout jusqu'à présent (le bilinguisme) menace tout à coup de devenir un handicap, car je vois qu'elle est désavantagée au niveau de l'anglais (elle sait ce qu'est un castor, mais ne trouve pas le mot "beaver" quand elle doit expliquer a sa maîtresse ce qu'elle vient de dessiner, par exemple). »

La notion de semilinguisme a été largement critiquée par de nombreux chercheurs et n'est utilisée aujourd'hui que dans des cas pathologiques de privation du langage dans des conditions socioculturelles et socioéconomiques extrêmement défavorables[25]. Dans la majorité des cas, le phénomène du semilinguisme peut être expliqué par des contraintes développementales. Durant le processus d'acquisition de la seconde langue, l'enfant passe par une étape où il commence à perdre certaines habiletés langagières dans sa langue maternelle, tout simplement par manque de pratique, sans avoir acquis suffisamment d'habiletés dans la seconde langue. C'est à ce moment précis qu'il se trouve dans un état de « semilinguisme » avec des compétences relativement faibles[26] dans les deux langues.

Il s'agirait donc plutôt d'un déséquilibre passager des compétences linguistiques des enfants en phase d'acquisition d'une seconde langue, évoluant vers un monolinguisme en seconde langue. Pour arriver à une compétence bilingue il faudrait que la langue maternelle de l'enfant continue à être développée.

Prévenir les difficultés scolaires

Une importante recherche américaine[27] s'est penchée sur la question du temps qu'il faudrait à un élève allophone pour atteindre un niveau cognitivo-linguistique égal à celui d'un

25. C. Baker, *Foundations of Bilingual Education and Bilingualism, op. cit.*, p. 9 et s.
26. B. McLaughlin *et al.*, « Assessing language development in bilingual preschool children », *Part. II: Language Development in Bilingual Children*, NCBE Program Information Guide Series, n° 22, 1995.
27. K. Hakuta *et al.*, « How long does it take English learners to attain proficiency ? », The University of California Linguistic Minority Research Institute Policy Report 2000, 2000.

élève monolingue. Il s'agissait d'étudier la capacité à utiliser la seconde langue comme langue de travail à l'école, au même titre que les élèves monolingues de la même classe d'âge. On n'est donc plus dans un contexte bilingue où l'on pourrait mesurer parallèlement les compétences orales dans la langue maternelle et faire la moyenne pour déterminer le niveau de compétence langagière de l'enfant. Il s'agit bel et bien d'évaluer le niveau en seconde langue d'un enfant sans prendre en compte son niveau de bilinguisme !

La recherche, menée par l'équipe de Kenji Hakuta de l'université Stanford, a étudié les capacités cognitivo-linguistiques de deux mille élèves d'origine vietnamienne et mexicaine dans la région de San Francisco. Les enfants avaient entre 6 et 11 ans et avaient entamé l'apprentissage de l'anglais vers 5 ans à l'école maternelle américaine. On a évalué les compétences orales et écrites en anglais de ces enfants grâce à des tests de langue standardisés. Le constat des chercheurs est sans équivoque : pour que tous les élèves atteignent une maîtrise de la langue orale égale à celle d'un élève anglophone, il faut entre deux et cinq ans d'exposition à la seconde langue. Nous ne parlons donc plus ici de la compétence de communication, de cette « façade linguistique » des enfants en interaction avec d'autres enfants, mais bien de la capacité à réussir à des tests de langage oral qu'on a l'habitude de faire passer aux enfants monolingues. En langue écrite, certains élèves testés avaient atteint une compétence satisfaisante après quatre ans d'exposition, alors que d'autres n'y étaient arrivés qu'après sept ans d'exposition.

L'étude des élèves vietnamiens et mexicains a révélé un autre problème. Il s'est avéré que l'écart entre les enfants apprenant l'anglais et les enfants de langue maternelle anglaise s'agrandit après cinq ans de scolarisation. Dans les tests de lecture et de compréhension, les enfants en première et deuxième année d'école élémentaire ont un retard d'un an par rapport aux enfants anglophones, mais cet écart double en cinquième année d'école élémentaire (l'équivalent du CM2 en France).

L'écart au début de la scolarité s'explique par le fait qu'on ne peut pas lire ce qu'on ne comprend pas, un enfant qui ne parle pas la langue ne peut pas être performant en lecture. Plus inquiétant est le constat de l'écart grandissant en fin d'école élémentaire – alors que tous les enfants sont performants en communication orale – puisqu'il laisse présager de plus grands problèmes durant les années de collège. Ces résultats sont confirmés par des études allemandes auprès d'enfants d'origine turque, marocaine ou albanaise, qui montrent que l'écart se creuse entre les enfants allophones et les autres au début de l'enseignement secondaire[28].

Des résultats semblables ont été trouvés par le linguiste Jim Cummins[29], qui a testé le niveau linguistique de mille deux cents enfants d'immigrés au Canada pour leur niveau de langue « académique », tel qu'il est exigé dans le cursus scolaire.

Il ressort de ces études que les résultats scolaires des enfants allophones scolarisés par submersion sont en dessous du niveau des enfants monolingues (anglais) durant une période de trois à sept ans. Ce n'est qu'à la fin de cette période de scolarisation qu'on ne peut plus déceler de différences du niveau conceptuel-linguistique entre un enfant monolingue et un autre ayant appris l'anglais tardivement.

Les études avaient pour but de faire comprendre que l'abandon d'un enseignement en langue maternelle est à l'origine de l'échec scolaire des enfants récemment immigrés. D'autres recherches ont trouvé une corrélation entre l'abandon de la langue d'origine parlée dans les familles et les difficultés scolaires[30]. Elles sont corroborées par l'enquête en région lyonnaise, mentionnée auparavant, qui a révélé des compétences langagières en français significativement plus élevées chez les enfants où le maintien de la langue d'origine était favorisé grâce à des cours dispensés dans cette langue (dans ou hors le cadre scolaire).

---

28. M. Ott, *Schreiben in der Sekundarstufe I. Differenzierte Wahrnehmung und gezielte Förderung von Schreibkompetenzen*, Schneider Verlag Hohengehren, Baltmannsweiler, 2000.
29. Cité dans C. Baker, *Foundations of Bilingual Education and Bilingualism, op. cit.*
30. L. Wong-Fillmore, *When Learning a Second Language Means Losing the First*, Early Childhood Research, 6, 323-46, 1991.

Quelques conclusions

Les études que nous venons de voir imposent une conclusion, à savoir que la réussite scolaire des enfants en voie de devenir bilingues tardifs est tributaire du maintien de leur langue d'origine, dans la famille et, idéalement, dans le cursus scolaire.

À l'exemple des États-Unis, la politique linguistique de la France n'est pas en faveur du maintien des langues minoritaires – elle va plutôt dans le sens de la défense de la langue française et de la francophonie. Les rares enquêtes s'intéressant à la question du rôle de la langue familiale pour la réussite scolaire – comme celle de Lyon – vont pourtant dans le même sens, à savoir qu'une place importante doit être aménagée à la langue d'origine.

S'il est exact que les enfants atteignent le niveau conceptuel-linguistique requis en seconde langue après cinq à sept ans de scolarisation seulement, nous devons nous interroger sur la cause de l'échec scolaire de bon nombre d'enfants « non francophones » et de leur orientation massive vers les filières techniques et professionnelles. Il serait urgent d'examiner, en France, la relation entre le maintien de la langue familiale et la réussite scolaire des enfants bilingues tardifs.

Notons que la problématique ne concerne pas toutes les situations de bilinguisme tardif. Force est de constater que les langues impliquées dans les études précitées sont celles des minorités immigrées peu valorisées dans ces pays.

Quand des langues fortement valorisées (comme l'allemand, l'espagnol, l'anglais) sont concernées, les témoignages des parents et des enseignants ne font pas mention de difficultés scolaires particulières, de même que la notion de « handicap linguistique » est rarement associée à ce bilinguisme.

Le manque de maîtrise de la langue dominante semble donc lié à la non-valorisation d'un bilinguisme vietnamien-anglais ou, plus près de la réalité en France, arabe-français, par la société d'accueil aussi bien que par les parents concernés eux-mêmes. Ceux-ci se voient encouragés à abandonner au plus tôt la langue familiale au profit du français. La cerise sur le gâteau des idées préconçues à ce sujet était, il y a quelques années, un rapport de la commission de la prévention de la délinquance (préside par un député UMP) soutenant l'existence d'un lien direct entre maintien de la langue familiale, échec scolaire et délinquance !

Pour promouvoir la réussite scolaire des enfants de langue maternelle non française, il faudrait donc agir à contre-courant de cette croyance qui veut que le temps passé pour pratiquer la langue minoritaire est pris au détriment du temps nécessaire pour apprendre la langue dominante.

Toutes les études le démontrent[31] : toute langue quelle qu'elle soit, parlée par la famille, est préférable à l'utilisation, par les parents, d'un français mal maîtrisé.

Pour permettre le développement d'un bilinguisme additif en France, tout devrait être mis en œuvre pour que les enfants allophones puissent commencer leur scolarité dans leur langue maternelle, comme il a été récemment recommandé par l'assemblée parlementaire du Conseil de l'Europe. Car, comme insiste le professeur de linguistique Georges Lüdi dans le rapport de ladite assemblée, « l'enseignement par submersion dans la langue dominante entraîne les plus mauvais résultats sur le plan éducatif, tant au niveau académique que linguistique, et mène souvent à l'échec. Un enseignement bilingue axé sur la langue maternelle représente, au contraire, la base d'un succès à long terme[32] ».

À défaut d'une possibilité de scolarité bilingue en France, il conviendrait de convaincre les parents – et les professionnels de l'éducation – de l'importance du maintien de la langue familiale comme moyen d'expression aussi longtemps que possible.

Depuis peu, les instances éducatives semblent avoir pris conscience que l'exclusion des langues familiales, à l'école, n'apporte pas les résultats escomptés. Malgré les recommandations d'une « pédagogie inclusive », qui prendrait en compte les connaissances langagières et culturelles des enfants

---

31. *Cf.* R. Landry et R. Allard, « Contact des langues et développement bilingue : un modèle macroscopique », *La Revue canadienne des langues vivantes,* 46, 1990, p. 527-553.
32. G. Lüdi, *Réflexions sur la place de la langue dite maternelle dans l'enseignement scolaire, annexe du résumé,* APCE, doc.10838, février 2006, (http ://assembly.coe.int/Mainf.asp ?link=/Documents/WorkingDocs/Doc06/FDOC10837.htm)

potentiellement bilingues, il reste encore du chemin à faire jusqu'aux applications concrètes. Néanmoins, les lignes bougent et des initiatives encourageantes sont en cours dans plusieurs écoles. Les années à venir nous montreront si ces démarches auront permis aux enfants concernés de construire un bilinguisme harmonieux.

7

L'éducation d'un enfant bilingue au quotidien

Le bilinguisme en famille

La gestion des langues

L'éducation bilingue d'un enfant en pays monolingue demande un engagement sans faille des parents durant de longues années. Cela commence avec le choix de la langue à parler avec l'enfant à naître, cela continue avec le choix de l'enseignement à lui donner en passant par le choix du lieu de vie de la famille.

Dans une famille ou un couple où circulent plusieurs langues, toutes ces questions sont idéalement abordées avant la naissance d'un enfant, évitant ainsi d'éventuels conflits au sujet de la gestion des langues dans la famille. Statistiquement, un plus grand nombre de femmes que d'hommes quittent leurs pays pour s'installer dans le pays du conjoint[1]. Dans les mariages

1. G. Varro, *Les Couples mixtes*, Armand Colin, Paris, 1995.

mixtes, c'est ainsi majoritairement aux mères qu'incombe la sauvegarde de la langue minoritaire et donc du bilinguisme des enfants. Il s'agira de trouver le juste équilibre entre le maintien de la première langue et la promotion du français qui sera la langue de l'école dans la majorité des cas.

De nombreux couples de langues maternelles différentes ont adopté une troisième langue pour communiquer et certains sont issus eux-mêmes de familles multilingues. L'arrivée d'un bébé va changer fondamentalement leur rapport à la langue maternelle, à leur bilinguisme, pour aboutir éventuellement à une réorganisation des langues dans la jeune famille. La langue de communication des conjoints est parfois vécue comme un élément rapporté qui pourrait mettre en péril le bilinguisme de l'enfant. Cette idée est générée par la peur de surcharger l'enfant avec une troisième langue. Une autre source d'inquiétude est l'idée que l'enfant ne comprenne pas la langue parlée entre les parents. Pourtant, la peur d'exclure l'enfant n'est que partiellement justifiée car on constate couramment que les enfants comprennent très bien la langue des parents, même s'ils ne la parlent pas. À force de l'entendre, ils saisissent au moins les expressions les plus courantes.

Le couple mixte

L'éducation bilingue de l'enfant est d'autant plus difficile quand incombe à un seul des conjoints la tâche de la transmission de la langue d'origine. Celle-ci est d'office minoritaire par rapport à la langue de l'autre conjoint et de la société.

PARLER « SA » LANGUE DEVANT LES AUTRES

« Cela me gêne de parler français à mon fils quand je suis entourée de gens qui ne comprennent pas le français, en particulier quand je suis avec d´autres enfants qui voudraient bien comprendre ce que je dis à Carlo. D´autre part je trouve difficile de parler exclusivement le français à mon fils quand son père et moi sommes en train de parler italien. Et il m´arrive parfois de m´adresser à lui en italien, ce qui me navre à chaque fois, j'ai l'impression de saboter son avenir de bilingue ! »

La difficulté de maintenir le cap du bilinguisme est ressentie dès les premiers contacts extrafamiliaux : parler sa langue devant des personnes – la belle-famille, les amis, dans la rue – qui ne la comprennent pas est ressenti par beaucoup de mères (ou de pères) comme problématique. La peur d'exclure les autres, à commencer par le partenaire qui ne comprend pas la langue, pousse de nombreuses mères à réserver leur langue aux moments d'intimité avec le bébé et d'adopter la « langue de tous » quand on est en compagnie d'autres personnes. Ce bilinguisme non assumé est le premier pas vers son échec.

La peur de faire « bande à part » avec l'enfant taraude de nombreuses mères, tout comme le sentiment d'être marginalisé par le couple mère-enfant est courant chez les pères. Quand il n'y a pas de conflit larvé, la question de la langue « étrangère » peut être vécue comme l'occasion d'apprendre la langue du conjoint en même temps que les enfants, comme dans le cas de cette mère française vivant en Italie : « C'est ce qui s'est passé avec mon mari italien, qui connaissait très peu le français, et qui a appris à comprendre en même temps que nos enfants, presque sans s'en apercevoir. »

De nombreuses mères font état de leur impression de se trouver dans une situation artificielle quand il s'agit de parler avec leur bébé. Elles craignent de s'enfermer « dans une bulle » en communiquant avec leur enfant dans une langue qu'elles sont seules à comprendre. Cette sensation est renforcée par le fait que le bébé n'est pas à même de répondre à la mère : pendant de longs mois en effet, la mère est la seule à utiliser une langue « étrangère ». La conviction de bien faire est indispensable à une mère pour accepter de s'exposer au vu et au su de tous en pays monolingue ! Dans ce cas, le contact avec des ressortissants du même pays, là où c'est possible, peut rompre l'isolement « linguistique » et sera du meilleur effet pour la continuité de la transmission de la langue.

Tout au long du développement du bilinguisme des enfants, le parent allophone est partagé entre le désir de transmettre sa langue d'origine et celui de lui permettre de s'intégrer dans la société d'accueil. Les soucis de politesse pour ne pas exclure les autres placent le parent devant ce dilemme : d'un côté il se voit comme le « gardien du temple » de la langue maternelle face à l'importance grandissante de la langue dominante, de l'autre il veut aussi montrer sa capacité d'adaptation et son degré d'acculturation en parlant la langue dominante en société. La problématique des parents « migrants » est de concilier ces deux aspirations.

Le maintien de la langue maternelle chez les enfants au-delà des premiers apprentissages implique aussi que les adultes aient conservé la capacité de parler leur première langue. Ce qui est loin d'être le cas quand on mène une vie active dans le pays d'adoption. La distance géographique avec le pays d'origine et les possibilités de s'y rendre jouent un rôle primordial pour la conservation du lien avec la langue. Ce n'est pas la même chose d'habiter à mille ou à dix mille kilomètres du pays de naissance, et, lorsqu'on vit en France, que son pays de référence linguistique soit par exemple l'Allemagne ou l'Uruguay.

Ressusciter une langue « mineure »

Dans de nombreux couples mixtes, le conjoint « migrant » a déjà fait un effort d'adaptation au pays de résidence, lorsque la migration a eu lieu avant la rencontre du couple. C'est par exemple le cas quand il s'est installé dans un pays pour des raisons professionnelles et y a rencontré son conjoint. Il est alors « assimilé » à la société d'accueil et parfois ne pratique plus sa langue d'origine.

S'il y a désintérêt pour la langue d'« origine » du conjoint, cela devient source de conflit quand, lors de la naissance du premier enfant, surgit la question de la langue. Il est fréquent que la naissance ravive les racines lointaines du conjoint migrant et qu'il décide de « ressortir » une langue maternelle presque oubliée. Il va sans dire que la situation où le partenaire ne parle pas du tout la langue « faible » est la moins favorable au bilinguisme. C'est ce qu'a démontré la sociologue Gabrielle Varro dans une étude sur les familles franco-américaines à Paris. Elle y montre que dans les familles où le père ne comprenait ni ne parlait anglais le bilinguisme des enfants ne résistait pas à l'« érosion » du temps[2].

Se réapproprier sa première langue, celle dans laquelle on a été bercé étant enfant, demande parfois un travail sur soi-même et toujours un effort de concentration et de travail sur la langue. Pour raviver la langue maternelle longtemps enfouie, beaucoup de mères parlent de cet effort qu'il a fallu fournir, mais aussi de l'immense plaisir quand elles se sont à nouveau senties à l'aise dans leur langue.

ÊTRE FINLANDAISE EN FRANCE

« Quand mon premier bébé est né, j'ai décidé de lui parler finnois. C'était très important pour moi qu'il apprenne ma langue maternelle, pour qu'il puisse notamment communiquer avec ma famille qui vit en Finlande. Au début, cela n'a pas été évident car j'avais l'habitude de parler français à la maison. Le français était associé à ce lieu de vie. J'ai donc dû me forcer un peu et au bout d'un certain temps, un mois tout au plus, j'ai réussi à associer le finnois à la personne de mon bébé. Depuis, je ne fais plus aucun effort. C'est automatique, je parle finnois à mon enfant et français à mon mari. »

La question du choix de la langue à parler avec son enfant est d'autant plus cruciale qu'un des partenaires ou les deux sont bilingues eux-mêmes.

Pour les parents eux-mêmes bilingues, le choix difficile de la langue

Bernadette est une jeune maman bilingue franco-anglaise. Son mari Frank est bilingue allemand-vietnamien. Elle se dit « passionnée des langues » et elle souhaite transmettre cette passion – et ses deux langues – à son fils. Elle a donc fait le choix de lui parler tantôt en anglais, tantôt en français.

2. G. Varro, *La Femme transplantée*, Septentrion, Paris, 1984.

Quant à Frank, il a opté pour l'utilisation alternée entre l'allemand et le vietnamien.

Conscients de l'avantage que procure le bilinguisme précoce, ayant vécu cette expérience eux-mêmes, de nombreux adultes bilingues se trouvent devant le dilemme du choix des langues à parler avec leur enfant.

D'un point de vue linguistique, il est préférable que chaque parent se décide pour une seule langue à parler avec son enfant. Cela signifie, pour les bilingues équilibrés, de faire le deuil de l'autre langue, du moins en ce qui concerne sa transmission simultanée[3].

C'est une tâche difficile pour certaines mères qui ont l'impression de trahir une partie d'elles-mêmes. La décision définitive du choix de la langue est souvent prise au moment de la naissance. Le choc émotionnel que provoque une naissance fait remonter à la surface des souvenirs de sa propre enfance. Les mots doux entendus à cette période prennent tout leur sens dans la langue maternelle. Ce sera la langue dans laquelle ces mots émergent spontanément à la naissance qu'il faudra utiliser avec son bébé. Mais il arrive aussi que certaines mères bilingues, qui ont décidé de la langue à parler avec leur enfant, soient confrontées, au moment de la naissance, à des souvenirs douloureux qui rendent impossible l'utilisation de celle-ci avec le bébé.

UN FREIN ÉMOTIONNEL

« Je suis née en Norvège, j'ai vécu en Norvège et en France pendant mon enfance. J'ai toujours parlé norvégien à mon père, et j'ai débuté en français jusqu'à l'âge de 3 ans avec ma mère, puis je lui ai parlé norvégien, jusqu'à la séparation de mes parents, vers l'âge de 9 ans, où j'ai définitivement eu le français comme langue principale, mon père vivant toujours en Norvège. J'ai un bébé de trois mois. Pendant ma grossesse je ne savais pas quelle langue j'allais lui parler à sa naissance. J'ai laissé faire mon instinct, et depuis qu'il est né, je lui parle en français. Je n'arrive pas à lui parler en norvégien en permanence, sans doute parce que cela m'évoque mes

3. On trouvera plus de précisions dans l'ouvrage du même auteur, *Guide à l'usage des parents d'enfants bilingues*, Éditions La Découverte, Paris, 2012.

parents (qui nous parlaient chacun dans leur langue et ont mal communiqué entre eux...). Par contre je chante beaucoup de chansons et lui raconte des histoires en norvégien. J'aimerais énormément qu'il apprenne cette langue qui fait partie entière de moi, mais je n'arrive pas à lui parler en norvégien tout le temps. »

La famille migrante

Le projet de bilinguisme dépend non seulement de la composition de la famille, mais aussi de son lieu de vie. Quand toute la famille s'installe dans un autre pays, le choix des langues est généralement influencé par la durée du séjour prévue.

D'un point de vue linguistique, les choses sont relativement simples, du moins au début. Le couple qui ne parle pas ou mal la langue du pays où il a décidé de vivre a peu de choix quant aux langues à utiliser dans la famille. Mais cette situation simple ne le restera pas longtemps. Au fil des années, les parents vont se trouver dans un processus d'adaptation à la nouvelle vie et à la langue du pays. Ils auront envie de montrer leur intégration dans la société en utilisant de plus en plus la langue du pays où ils sont installés et c'est ainsi que commence le processus d'érosion de la langue maternelle. La tentation est alors grande de parler la langue majoritaire avec les enfants, du moins en compagnie d'autres personnes qui ne comprennent pas la langue de la famille. Et ce d'autant plus qu'il n'est pas facile de manifester, par l'utilisation d'une langue différente, sa non-appartenance à la communauté. Être étranger, être différent nécessite une certaine assurance pour ne pas interpréter les regards curieux des autres comme hostiles.

L'érosion de la langue (ou des langues) de la famille est d'autant plus grande que celle-ci ne jouit pas d'une valeur sociale élevée. Cette valeur accordée à la langue joue un rôle important pour la reconnaissance sociale de la famille : langue « de prestige » ou langue « mineure » ne jouissent pas de la même image dans la société et sont donc plus ou moins faciles à parler en société. Ainsi Souad, Marocaine vivant en région parisienne, a-t-elle décidé de parler français avec sa fille de 2 ans. Bien que son français soit hésitant, elle trouve que l'arabe marocain n'est d'aucune utilité pour sa fille. Elle privilégie la langue française « pour lui faciliter l'entrée à l'école française ».

Quand l'un des parents au moins parle français, et à moins d'avoir mené une réflexion sur les bienfaits du bilinguisme, la perte de la langue maternelle semble une conséquence inévitable. C'est ainsi que nous assistons à la disparition de nombreuses langues en situation de contact avec le français. Dans ces familles, la langue « d'origine » devient la langue des parents, des adultes, à laquelle les enfants n'ont plus accès.

Le bilinguisme au fil du temps

L'éducation bilingue d'un enfant est une entreprise à long terme qui demande un engagement certain de la part de toute la famille.

Malencontreusement, après l'enthousiasme des premières années, où chaque mot produit par le petit enfant était soigneusement noté, une certaine lassitude s'installe. Insidieusement, l'acculturation (intégration d'un individu à la langue et culture d'un pays) a fait son travail : la langue majoritaire entre de plus en plus à l'intérieur de la famille. Les enfants sont les premiers à refuser le changement de langue en rentrant de l'école et n'ont aucun scrupule à négliger la langue de maman (ou de papa). Tel un bulldozer, ils écrasent le rêve de bilinguisme de leurs parents en maniant avec joie et habileté la langue du pays, leur langue. Pour peu que le parent allophone réponde à son tour dans la langue dominante, la survie de l'autre langue est en suspens, situation qui peut être résumée par la formule suivante : « L'ennemi du bilinguisme de l'enfant est le bilinguisme des parents. »

Chaque famille a une manière particulière de gérer cette situation, mais la première langue devient inévitablement perméable aux incursions de la langue dominante. Parfois s'instaure un parler bilingue où les termes de la langue majoritaire envahissent de plus en plus la langue maternelle. Cette érosion de la première langue est plus rapide dans les familles où un seul conjoint est l'« étranger ».

—— LA PLACE DE LA LANGUE « MATERNELLE »

« Je suis d'origine germano-polonaise et je vis en France. Mon mari est suisso-vietnamien. J'ai été élevée avec le français, l'allemand, l'anglais, le polonais. Mon mari a été élevé en Allemagne et parle français, anglais, allemand. J'ai décidé de parler allemand à mes enfants car c'est la langue du cœur, celle dans laquelle je me sens le plus à l'aise. Mes enfants ont 10 et 3 ans. La première a parlé parfaitement français et allemand à 2 ans (pratiquement comme un adulte) puis a refusé de parler autre chose que français de l'âge de 4-5 à 6 ans, pour ensuite intégrer son bilinguisme et sa multiculturalité. J'ai toujours persévéré mais j'ai bien des fois failli abandonner. Aujourd'hui elle est parfaitement bilingue et me parle en allemand exclusivement, ainsi qu'à sa sœur (ce qui est son choix personnel) et en français à son papa. Pour la deuxième, c'est plus compliqué : après avoir commencé en allemand exclusivement, elle ne veut me parler maintenant qu'en français et refuse que je lui parle allemand (par contre je sais qu'elle comprend tout) et elle s'exprime assez bien en français. J'avoue que ma motivation est au plus bas. Cela fait maintenant quinze ans que j'habite en France... tout notre environnement est en français : je me demande comment faire pour ne pas braquer mon enfant et trouver la force de continuer : je suis plutôt frustrée que mon enfant ne veuille pas me parler dans ma langue "maternelle". »

L'équilibre des langues est bouleversé également par le parent qui, au fil des années et de son acculturation, manie avec plus d'aisance la langue du pays. Si les contacts avec la famille ou des amis restés dans le pays sont réduits au minimum ou inexistants, il se produit un rééquilibrage des langues : la langue d'origine devient la langue faible et celle du pays d'adoption la première langue de communication. Après plusieurs années de vie dans un tiers pays et après une intégration réussie, le parent « migrant » a de plus en plus de difficultés à parler sa langue maternelle avec les enfants. Ces derniers, ne se sentant point investis d'une mission de « conservateurs de langue maternelle », s'adaptent très bien et sans hésitation au glissement de leur mère (ou père) vers la langue majoritaire.

L'érosion progressive de la langue maternelle est une évolution naturelle contre laquelle il est difficile de lutter seul. La solution réside dans le réseau d'amis de même origine linguistique qu'on aura pris soin de construire. C'est une réalité : sans l'aide de locuteurs de la même langue, extérieurs à la famille, il est impossible de maintenir un bilinguisme à long terme.

Parents monolingues : le bilinguisme rêvé

Une seconde langue à tout prix

La prise de conscience de tout un chacun qu'une seule langue ne suffit plus aujourd'hui pour la réussite professionnelle, ainsi que les découvertes des capacités d'apprentissage des jeunes enfants amènent de nombreux parents monolingues à s'intéresser au bilinguisme. La question qu'ils se posent alors est de savoir quelle est la meilleure méthode pour initier le jeune enfant à une langue étrangère. L'offre sur le marché des apprentissages précoces s'étoffe de jour en jour, les conseils de commerciaux habiles sont relayés par des médias, la vente de méthodes d'apprentissage pour un « bilinguisme sans peine » fleurissent.

Nous nous intéresserons ici, non plus à l'acquisition d'une seconde langue dans un environnement où celle-ci est parlée naturellement, mais à l'apprentissage d'une langue différente de celle de la majorité dans un contexte formel (école bilingue, cours du mercredi, méthodes audiovisuelles). Dans ce cas, la seconde langue est introduite dans le but de mener l'enfant vers le bilinguisme, recherché et valorisé par tous.

Caroline est française et passionnée des langues. Elle maîtrise très bien l'anglais elle-même et voudrait éveiller chez sa fille de 2 ans l'intérêt pour les langues étrangères. Elle a donc investi dans une méthode d'éveil en anglais et fait régulièrement regarder la cassette d'initiation à sa fille. Celle-ci semble attirée par les images plaisantes et ravie à chaque fois que la mère allume la télévision. Après quelques semaines, Marine aime toujours regarder la cassette, mais ne fait pas mine de vouloir prononcer des mots anglais.

Julien, 15 mois, a des parents français. Depuis qu'il a 3 mois il est gardé tous les jours par une nourrice hispanophone à laquelle les parents ont demandé de parler exclusivement sa langue maternelle. La nourrice accompagne Julien dans toutes les situations de sa vie quotidienne, elle le nourrit, le change, joue avec lui, le couche et l'aide à s'endormir, tant de situations différentes pour varier suffisamment l'apport de la langue. À 10 mois, Julien a prononcé son premier mot, en espagnol.

Arthur, 18 mois, est gardé tous les jours par une nourrice d'origine algérienne. Celle-ci est parfaitement bilingue et parle français avec l'enfant, mais parle aussi arabe avec ses propres enfants quand ceux-ci rentrent de l'école. À la maison, quand Arthur joue seul dans le salon, sa mère l'entend prononcer des mots qui ressemblent fortement à l'arabe, « des mots que moi-même je serais incapable de prononcer ».

Héloïse, 3 ans, fréquente un jardin d'enfants franco-allemand. Toutes les activités ainsi que la prise des repas ont lieu en allemand grâce aux éducatrices originaires d'Allemagne, certaines ne parlant pas français. La petite fille se trouve en immersion totale cinq jours par semaine dans un environnement où tout est fait pour créer une « ambiance allemande ».

Entre l'écoute passive de séquences filmées, l'écoute de dialogues entre enfants et adultes dans l'entourage de l'enfant, et l'interaction directe entre un adulte et un bébé ou un jeune enfant, il n'y a pas de doute. C'est Julien, gardé par une nourrice hispanophone, qui sera bilingue, à condition que l'espagnol continue à être parlé avec et autour de lui, de même qu'Héloïse pourra devenir bilingue si elle continue toute sa scolarité dans un environnement germanophone.

Nous avons vu dans un chapitre précédent que l'exposition à une langue sans interaction directe avec l'enfant n'est pas suffisante pour qu'il puisse apprendre à parler. De la même manière, il ne suffit pas de poser un enfant devant un écran de télévision pour qu'il acquière une compétence bilingue. Une étude américaine corrobore cette affirmation[4]. L'équipe de Patricia Kuhl, de

4. P. K. Kuhl, « Is speech learning "gated" by the social brain ? », *Developmental Science*, 10:1, p. 110-120, 2007.

l'université de Washington, a cherché à comprendre si des bébés américains de 9 mois étaient capables de mémoriser des sons d'une langue très éloignée de l'anglais durant des séquences de jeu, soit avec de vraies personnes, soit avec des enregistrements vidéo, soit avec des enregistrements audio. On sait que pour apprendre à parler, le bébé doit d'abord discriminer, classer et mémoriser les sons de son environnement en fonction des langues auxquelles ils appartiennent.

Durant ces séances de jeu, différents adultes lisaient des livres ou manipulaient des jouets en parlant naturellement en chinois mandarin aux enfants en bas âge. La même expérience était reproduite en mettant d'autres enfants face à un écran de télévision, et d'autres devant un enregistrement audio. Douze séances ont été réparties sur quatre semaines pendant lesquelles les bébés rencontraient quatre adultes différents et entendaient une moyenne de trente-trois mille syllabes du mandarin. Immédiatement après les douze séances, puis un mois après, on a fait écouter aux enfants de l'étude des sons du chinois qui n'existent pas en anglais. Les chercheurs ont alors découvert que seuls les bébés qui avaient été en contact avec des personnes en direct étaient capables de reconnaître les sons du chinois un mois après la fin des séquences de jeu. En revanche, ni les séquences filmées ni les enregistrements audio n'avaient eu d'effet : les jeunes enfants ne reconnaissaient pas les sons en chinois.

Patricia Kuhl explique cette découverte par le fait que pour être motivé à apprendre des sons, le bébé a besoin d'être stimulé par des gestes, le sourire, l'attitude de son interlocuteur qui *interagit* avec lui.

Parler une langue étrangère à son enfant

Il est largement admis que les enfants ont un avantage considérable par rapport aux adultes pour acquérir une seconde langue dans un contexte naturel. Certains parents, influencés par des expériences qui ont lieu aux États-Unis, sont tentés de transmettre ce savoir à leur enfant. Encore embryonnaire en France, le mouvement des parents élevant leur enfant dans une langue étrangère se fonde sur l'expérience de l'Australien G. Saunders, ce professeur d'allemand qui avait décidé d'élever ses trois enfants en leur parlant exclusivement en allemand[5]. Cependant, la plupart des parents engagés dans une telle expérience ne « tiennent » pas aussi longtemps que lui. Passées les premières années d'un langage assez simple, ils se rendent compte que leur connaissance de l'allemand, du français ou de l'espagnol n'est pas suffisante pour soutenir une vraie conversation avec leurs enfants. La dérive de la méthode se fait sentir dans les témoignages sur des forums de discussion[6]. Dans leur désir de « faire un enfant bilingue », certains parents commencent à parler à leur bébé dans une langue étrangère qu'eux-mêmes sont loin de maîtriser. Nombreux sont les récits de situations cocasses où les mères doivent faire appel au dictionnaire pour chercher le terme approprié pour « biberon » ou « lange » dans la langue « enseignée ».

UN ENFANT BILINGUE À TOUT PRIX

« Quand notre fils Benjamin est né, nous trouvions étrange et artificiel de lui parler en allemand. Ce n'est que quand il a commencé à réagir un peu plus, vers 8-10 mois, que nous avons pu nous sentir plus à l'aise avec l'allemand. J'ai appris par cœur des berceuses et des rimes allemandes, ce qui m'a beaucoup aidée... Nous lisions uniquement des livres allemands à la maison et je me suis mise à collectionner des cassettes vidéo et des chansons allemandes pour enfants. C'était important pour moi d'avoir autant de modèles en langue allemande que possible, puisque de toute façon notre allemand n'était pas parfait[7]. »

La plupart des parents concèdent que leur connaissance de la langue étrangère n'est pas suffisante pour continuer l'expérience au-delà de la petite enfance et ils comptent sur la mémoire de leur enfant pour conserver la langue ainsi acquise. Pourtant, selon les connaissances actuelles de la recherche, nous savons

5. G. Saunders, *Bilingual Children: from birth to teens*, *op. cit. Cf.* chapitre 4 de cet ouvrage.
6. À titre d'exemple : http://www.byu.edu/~bilingua/
7. http://www.byu.edu/~bilingua/shurtsbackground.html (traduit par l'auteur).

qu'une langue facilement acquise durant la petite enfance peut être perdue aussi facilement.

À la lecture des témoignages, on a l'étrange impression que ces parents enferment leur famille dans une bulle linguistique, les éloignant autant de leur langue maternelle que de la réalité de la langue étrangère. Toutes ces personnes ont le désir d'« enseigner » une langue à leur enfant qu'eux-mêmes ont apprise au lycée ou à l'université, sans avoir la moindre notion de la réalité culturelle qui porte cette langue.

En ce qui concerne le développement des compétences bilingues, une étude[8] intéressante a porté sur les effets de l'exposition de l'enfant à une langue parlée par un parent dont ce n'est pas la langue maternelle.

Lorsque l'adulte s'adresse à l'enfant dans une langue étrangère, il est fort probable qu'elle manque de certaines caractéristiques lexicales, morphosyntaxiques et pragmatiques, pourtant essentielles dans le processus d'acquisition. L'étude en question a été menée en Floride avec des enfants de 25 mois dont une mère, un père, ou les deux parents de langue maternelle espagnole parlaient aussi anglais. Dans toutes les familles, les deux langues étaient parlées avec les enfants. L'étude a révélé que les enfants exposés majoritairement à l'anglais par des locuteurs natifs avaient développé de meilleures compétences dans cette langue que ceux exposés majoritairement à l'anglais par des locuteurs non natifs.

Une autre recherche va encore plus loin[9]. Ses résultats montrent que l'exposition à l'anglais, lorsqu'il est parlé par des mères hispanophones, n'augmentait pas le vocabulaire anglais de l'enfant mais, qui plus est, ralentissait le développement de l'espagnol.

Ces études incitent à la réflexion tous ceux qui souhaitent élever leur enfant avec une langue apprise tardivement. Au-delà

---

8. S. Place et E. Hoff, « Properties of dual language exposure that influence 2-year-olds'bilingual proficiency », *Child Development*, vol. 82, n° 6, p. 1834-1849, Novembre/Décembre 2011.
9. C. S. Hammer, M. D. Davison, F. R. Lawrence et A. W. Miccio, « The effect of maternal language on bilingual children's vocabulary and emergent literacy development during Head Start and kindergarten », *Scientific Studies of Reading*, 13, p. 99-121, 2009.

des considérations purement linguistiques, la spontanéité de la relation parent-enfant pourrait également être compromise dans une telle expérience.

Avant de se lancer dans une telle aventure, le parent doit être certain de pouvoir créer et maintenir une relation affective avec son enfant sans que l'utilisation de la langue étrangère compromette les interactions émotionnelles. Comme le formulait avec beaucoup de bon sens un mère sur un forum anglophone, avant de partager son amour pour les langues avec son enfant, il vaut mieux d'abord partager son amour pour lui dans sa langue maternelle.

La question essentielle est de savoir si le bilinguisme de l'enfant vaut réellement une mise en péril de l'équilibre psychologique de la relation parent-enfant.

L'apprentissage précoce des langues

À l'heure où la science nous a fourni les preuves que « le bébé est une personne » qui possède un cerveau capable des prouesses les plus extraordinaires, parents, éducateurs et opportunistes en tout genre ne jurent que par les apprentissages précoces. La lecture, la musique, les langues, tout doit être inculqué à l'enfant « avant qu'il ne soit trop tard » ! Pourtant, en matière d'apprentissage précoce des langues, la confusion règne. Qu'il s'agisse de méthodes « ludiques » à la crèche, d'écoles maternelles « bilingues » ou de « sensibilisation » à l'école élémentaire, leurs promoteurs confondent volontiers bilinguisme et éducation bilingue, acquisition d'une seconde langue en situation naturelle et son apprentissage dans un cadre scolaire.

Les piètres résultats des Français en matière de maîtrise des langues étrangères apportent, de surcroît, de l'eau au moulin de ceux qui pensent que la solution du problème réside dans la précocité de l'apprentissage. Sans que soit mis en adéquation l'âge des enfants avec les méthodes d'enseignement, ni définies les compétences linguistiques à atteindre, l'enseignement précoce des langues est considéré comme la clé de voûte de la réussite économique et politique du pays. N'a-t-on pas entendu, il y a quelques années, un ministre de l'Éducation nationale promettre le «bilinguisme» pour tous les lycéens de France[10] ?

Il me semble urgent de déconstruire les croyances et représentations autour de l'apprentissage des langues étrangères. Nous nous demanderons donc si «plus tôt» est vraiment «mieux» pour tous les enfants et nous étudierons les différentes méthodes d'enseignement et leur impact sur les acquisitions.

Le plus tôt est le mieux ?

Quand on compare les compétences en langue seconde d'adultes qui ont appris cette langue depuis leur enfance avec celles d'adultes ayant commencé l'apprentissage tardivement, on trouve en général un avantage pour ceux qui ont commencé plus tôt. Ce constat, ainsi que la croyance populaire selon laquelle les enfants absorbent les langues «comme des éponges» sous-tendent le consensus général affirmant qu'il suffira d'un enseignement des langues étrangères dès le plus jeune âge pour mener tous les enfants vers les compétences d'un locuteur natif. Qu'en est-il de cette prétendue supériorité des enfants par rapport aux adultes ?

La comparaison entre adultes et enfants est en fait biaisée, car les besoins de communication des uns et des autres ne sont pas les mêmes. Pour communiquer dans une seconde langue au même niveau que dans leur langue maternelle, les enfants ont besoin de constructions plus simples et d'un vocabulaire plus restreint que les adultes. Sans parler du fait que plus un enfant est jeune, plus son mode de communication est axé sur le contexte et les indices non verbaux. Ceci explique l'apparente facilité avec laquelle les jeunes enfants s'entendent entre pairs, même sans parler la même langue.

En revanche, en ce qui concerne leur capacité à produire des énoncés (former des phrases) dans la seconde langue, elle est loin derrière celle des adultes : en comparant les performances d'adultes apprenant une seconde langue à celles

---

10. *Cf.* l'intervention du ministre de l'Éducation nationale le 1er septembre 2008 sur TF1.

d'enfants apprenant dans les mêmes conditions, on constate toujours un net avantage des adultes, durant les premières années d'apprentissage du moins !

UNE ACQUISITION PRÉCOCE HÉSITANTE

« En matière d'apprentissage de l'allemand, la première année au jardin d'enfants bilingue, chez les tout-petits de 2-3 ans, est assez décevante pour les parents – et pour nous, les éducatrices. Il n'y a pratiquement aucun retour, certains donnent même l'impression d'être insensibles à la langue. La deuxième année, ce n'est pas beaucoup mieux, mais ils commencent à répéter quelques expressions. Ce n'est que la troisième année, autour de 5 ans, qu'on sent qu'ils ont emmagasiné pas mal d'expressions et qu'ils commencent à nous parler ! » (Une éducatrice, entretien avec l'auteur.)

Le rythme des acquisitions de l'enfant est fonction de l'âge au moment où débute l'apprentissage. Ainsi, il est vain de s'attendre à ce qu'un enfant produise des phrases dans la nouvelle langue s'il n'a pas encore atteint le stade développemental correspondant dans sa langue maternelle. C'est pourtant ce qu'espérait Monsieur K., père de deux enfants de 3 et 4 ans, qui avait beaucoup investi dans des cours d'anglais particuliers pour ses filles. Après un an d'initiation et un effort financier important, les petites étaient toujours incapables de produire des phrases en anglais. Déçu du résultat, il abandonna son rêve d'avoir des enfants bilingues. Ce même père aurait été mieux avisé d'attendre les cours d'initiation à l'anglais proposés en cours élémentaire deuxième année (CE2), la capacité de ses filles de réciter, à la fin de l'année scolaire, quelques phrases en anglais l'aurait probablement satisfait davantage.

Quant aux capacités de parler d'enfants d'âges différents, plus l'apprentissage a débuté tard, plus les compétences sont élevées, et ceci aussi bien lors d'un apprentissage *formel* (dans un cadre scolaire) qu'*informel* (en contexte naturel). Il est étonnant que ce constat n'ait pas fait réfléchir pédagogues et décideurs sur la pertinence de la mise en place de l'enseignement précoce des langues ! Une étude déjà ancienne, menée par Clare Burstall de la National Foundation for Educational Research in England and Wales, a mené à la conclusion qu'« il n'apparaît pas évident que les enfants plus jeunes seraient plus aptes que leurs aînés à apprendre une langue seconde[11] ». La recherche s'est échelonnée sur dix ans auprès de 18 000 élèves apprenant le français langue seconde dans 125 écoles primaires britanniques. Le constat est plutôt décevant pour les plus jeunes : après cinq ans d'enseignement, des enfants qui avaient commencé leur apprentissage à 11 ans avaient de meilleurs résultats aux tests que des enfants qui avaient commencé à 8 ans !

L'effet de l'âge

Les mêmes différences en fonction de l'âge des enfants sont apparentes dans l'enseignement par immersion, où la langue à apprendre est aussi langue d'instruction : après un an d'immersion dans une école maternelle bilingue, la production et la compréhension en seconde langue d'un enfant de 4 ans ne sont en rien comparables à celles d'un enfant de 7 ans ayant débuté l'immersion à 6 ans ! Ce dernier révélera sa supériorité en ce qui concerne la compréhension, ainsi que le nombre et la forme des énoncés. C'est ce que démontrent les résultats des enfants scolarisés dans des programmes d'immersion au Canada. Dans ces programmes, certains enfants anglophones sont scolarisés à partir de 5 ans en langue française (on parle alors d'immersion précoce), alors que d'autres participent à un programme d'immersion tardive, où le français n'est introduit qu'à partir de 11 ans. Il s'avère qu'en matière de productions en langue française, après un an d'instruction, les enfants ayant débuté tardivement sont plus avancés que ceux qui ont bénéficié de l'immersion précoce[12] !

La supériorité des apprenants débutant à un âge avancé se confirme aussi en dehors du cadre scolaire. Dans un contexte

11. H. H. Stern, C. Burstall et B. Harley, *French from Age Eight or Eleven?*, Ontario Institute for Studies in Education, Toronto, 1975.
12. F. Genesee, *Learning through Two Languages : Studies of immersion and bilingual education*, Newbury House, New York, 1987.

naturel, où la langue *cible* (la langue à apprendre) est aussi celle de l'environnement, les adultes ont plus de facilités pour s'approprier cette langue, grâce à des stratégies cognitives auxquelles le jeune enfant n'a pas accès.

Ainsi, une étude des compétences langagières d'immigrants anglophones aux Pays-Bas, séjournant dans le pays depuis trois mois, a montré la supériorité des adultes par rapport aux enfants de 4 ans dans tous les domaines de la langue – sauf pour la prononciation[13]. Le rythme des premières acquisitions en seconde langue est donc d'autant plus rapide que la langue maternelle est élaborée. Mais, chose rassurante, cet avantage est passager!

Il s'avère, en effet, qu'après deux ans d'apprentissage les acquisitions des adultes ont tendance à stagner, alors que les compétences des enfants continuent à s'améliorer.

L'influence de l'environnement

Une raison pour la différence des performances à long terme entre adultes et enfants est l'inégalité des besoins langagiers des uns et des autres. Quand un adulte apprend une langue étrangère, c'est en général par un besoin d'acquérir un nouvel outil de communication avec son environnement immédiat. Il doit arriver rapidement à un niveau de compétence satisfaisant dans la nouvelle langue. Une fois ce niveau de maîtrise atteint, l'adulte aura tendance à y rester bloqué, on dit que sa langue se « fossilise[14] ».

Une autre raison pour cette fossilisation pourrait être le fait que des personnes immigrées à l'âge adulte ont tendance à rester attachées à leur langue d'origine en fréquentant majoritairement des locuteurs de cette langue. C'est ce qu'ont montré des chercheurs américains chez des immigrants chinois aux États-Unis: les apprenants plus âgés avaient tendance à maintenir le contact

---

13. C. E. Snow et M. Hofnagel-Höhle, « Age differences in the pronounciation of foreign sounds », *Language and Speech*, 1977, 20, 357-365.
14. K. Selinker et U. Lakshmanan, « Language transfer and fossilization: the multiple effects principe », dans S. Gass et L. Selinker (eds.), *Language Transfer in Language Learning*, John Benjamins, Amsterdam, 1992, p. 197-216.

avec un environnement majoritairement chinois, alors que les plus jeunes s'étaient créé un environnement anglophone riche grâce aux amis, à la télévision, aux lectures. De ce fait, les immigrés adultes faisaient peu de progrès en anglais, alors que les jeunes amélioraient rapidement leur performance dans cette langue[15]. De même, des personnes vivant dans un pays étranger et restant en contact majoritairement avec des locuteurs de leur langue première conservent un accent plus prononcé en seconde langue que ceux qui ont moins d'occasions d'utiliser leur langue d'origine[16].

L'influence de l'environnement langagier sur la performance en seconde langue a pu être démontrée dans d'autres études déjà anciennes. Ainsi, on a pu constater chez des étudiants japonais apprenant l'anglais au Japon que la prononciation de ceux qui avaient effectué plusieurs séjours dans un pays anglophone était considérablement améliorée par rapport aux étudiants qui étaient restés dans leur pays[17].

D'autres études démontrent que pour obtenir de meilleurs résultats en langue seconde, c'est moins la durée de l'apprentissage qui compte que son intensité. Une expérience intéressante a été menée dans ce sens dans une école au Québec, où des élèves francophones en dernière année de l'école élémentaire ont reçu un enseignement intensif d'anglais sous la forme d'un bain linguistique pendant cinq mois. Les élèves étaient évalués en anglais par la suite, et ceci à intervalles réguliers durant plusieurs années. La recherche a montré que l'effet positif de ce type d'enseignement s'est prolongé jusqu'en classe de seconde. Bien que l'enseignement initial n'ait pas été poursuivi au-delà de l'école élémentaire, en classe de seconde ces élèves étaient plus performants, tant à l'écrit qu'à l'oral, que leurs camarades qui n'avaient pas suivi ces cours intensifs, mais des cursus primaires

15. G. Jia et D. Aaronson, *Age Differences in Second Language Acquisition. The dominant language switch and maintenance hypotheses*, Paper presented at the Boston University Conference on Language Development, Boston, MA, 6-8 nov. 1998.
16. J. Flege, E. Frieda et T. Nozawa, « Amount of native language (L1) use affects the pronunciation of an L2 », *Journal of Phonetics*, 25, 1997, 169-186.
17. T. Riney et J. Flege, « Changes over time in global foreign accent and liquid identifiability and accuracy », *SSLA*, 20, 1998, 213-243.

les plus divers[18]. Bien qu'il s'agisse là d'une expérience particulière, elle devrait inciter à s'interroger davantage sur le choix de la méthode d'enseignement.

L'important, c'est la méthode...

En France, les premiers textes visant à introduire l'enseignement des langues étrangères à l'école primaire datent d'il y a près de vingt ans. Depuis, tous les ministres de l'Éducation nationale ont maintenu voire développé l'enseignement précoce des langues. Mais, selon une évaluation du niveau des élèves par un institut indépendant[19], celui-ci est encore loin des résultats escomptés, comparé à ceux d'autres pays européens.

Il serait urgent de s'interroger sur les raisons de cet échec relatif de l'enseignement précoce ! De nombreux linguistes et pédagogues sont aujourd'hui de l'avis que, au lieu de se focaliser sur l'âge du début d'apprentissage, il convient de se pencher sur les conditions qui mènent l'apprenant à une réelle compétence en seconde langue. Il s'agirait donc de prendre en compte d'autres facteurs importants, tels que l'environnement langagier de l'apprenant et la méthode d'apprentissage.

Selon une croyance populaire, « plus on apprend jeune, plus on apprend facilement ». Entendons par là qu'il suffirait d'exposer les enfants directement à des énoncés en langue étrangère, dans un « bain de langage », pour déclencher les mêmes mécanismes que ceux mis en place pour l'acquisition de la langue maternelle. La méthode directe, donc sans recours à la langue maternelle des enfants, a la faveur du grand public et des parents car elle paraît plus « naturelle » et plus ludique que la bonne vieille méthode explicite. Celle-ci est basée sur l'apprentissage du vocabulaire, sur l'explication des règles de grammaire et leur application dans des exercices, la langue d'instruction étant la première langue des enfants.

---

18. P. M. LIGHTBOWN et N. SPADA, « Long-term study of intensive ESL teaching in primary school », *Canadian Modern Language Review*, 48, 1991, 1-17.
19. Institut ETS, JT de TF1, 5 septembre 2008.

De nombreuses études ont comparé ces deux méthodes d'enseignement – implicite et explicite – et ont conclu que la méthode implicite n'a de succès que chez les jeunes enfants de moins de 7 ans, alors que les enfants plus âgés comme les adultes ont de meilleurs résultats avec la méthode explicite.

Les raisons de l'échec de la méthode implicite auprès des enfants de plus de 7 ans sont évidentes. D'une part, comme nous l'avons vu, le dispositif inné d'acquisition du langage est progressivement remplacé par des mécanismes cognitifs plus généraux. Tout comme les adultes, l'enfant aborde l'apprentissage d'une seconde langue en s'appuyant sur ses connaissances en langue maternelle et en appliquant des stratégies générales de résolution de problème. D'autre part, l'apprentissage « naturel », implicite, exige une exposition longue et intensive à la langue cible. Or c'est justement l'intensité de l'exposition qui pose problème dans un cadre scolaire où l'enseignement est cantonné à quelques heures par semaine ! Il suffit d'un calcul simple pour mettre en évidence la différence entre l'apprentissage en milieu naturel et celui dans un cadre scolaire : entre 1 et 6 ans, un enfant est exposé à une langue environ 5 heures par jour, ce qui ferait un total de 9 000 heures en cinq ans. Un élève qui suit un cours de langue pendant sept ans à raison de 3 heures par semaine et 34 semaines par année – à condition d'un enseignement exclusivement en seconde langue – aura eu un contact avec cette langue pendant un total de 714 heures[20] ! Or on estime qu'environ 1 000 heures d'apprentissage sont nécessaires pour qu'un adulte soit « opérationnel » dans une seconde langue, chiffre qui est probablement plus élevé chez les enfants[21].

Force est donc de constater qu'un enseignement à partir de 7 ou 8 ans – âge auquel débute l'enseignement précoce scolaire – qui serait exclusivement basé sur la méthode intuitive n'est pas une bonne méthode pour amener les enfants rapidement à une

20. B. McLaughlin, « Second language learning in children », *Psychological Bulletin*, 1977, 84, 438-459.
21. E. Glisan et D. Folz, « Assessing learners'oral proficiency in an outcomes-based curriculum : Learner performance and teacher », *Modern Language Journal*, 82, 1998, 910 1-18.

compétence communicative. « L'acquisition intuitive d'une langue ne peut fonctionner à l'école élémentaire qu'à condition de compenser le manque de temps par une méthodologie élaborée », affirme la linguiste allemande Heidemarie Sarter[22]. Malheureusement, comme le fait remarquer le psycholinguiste Daniel Gaonac'h, il manque en France une réelle didactique de l'enseignement des langues à l'école élémentaire[23]. Tant que celle-ci n'est pas élaborée, les résultats escomptés – une compétence quasi native atteinte en peu de temps – ne seront pas au rendez-vous. C'est ce que confirme la récente évaluation par l'institut ETS citée plus haut.

Des résultats décevants

Plusieurs études pointent les résultats mitigés dus à la grande disparité des pratiques pédagogiques dans les écoles françaises. Une recherche menée par Sophie Genelot de l'IUFM de Bordeaux[24] chez des élèves de quatre-vingt-douze écoles est particulière-ment instructive. Il s'agit d'une évaluation des effets de l'enseignement de l'anglais à la fin du CM2, puis en sixième et cinquième. Les résultats varient considérablement en fonction des méthodes d'enseignement. Ainsi, la méthode implicite, appelée « sensibilisation » à l'anglais, n'a montré des résultats acceptables que chez les bons élèves, alors que les élèves moyens et faibles y perdent rapidement pied. La méthode explicite, quant à elle, est également favorable aux bons élèves, alors qu'elle n'a aucun effet sur les résultats des élèves moyens ou faibles. Peu importe donc la méthode, ce sont les élèves qui ont un bon niveau dans les autres matières, et particulièrement en français, qui profitent de l'enseignement précoce des langues ! L'étude

22. H. SARTER, *Fremdsprachenerwerb – Wie früh und wie anders ?,* Workshop des Forum Bildung, 14.09.2001, Berlin, Materialien des Forum Bildung 13, 2001.
23. D. GAONAC'H, *L'Apprentissage précoce d'une langue étrangère. Le point de vue de la psycholinguistique*, Hachette, Paris, 2006, p. 126.
24. S. GENELOT, « L'enseignement des langues à l'école élémentaire : quels acquis pour quels effets au collège ? Éléments d'évaluation : le cas de l'anglais », *Les Cahiers de l'IREDU*, Université de Bourgogne, 1995, n° 58.

montre en outre clairement que la méthode implicite creuse encore l'écart entre les bons élèves et les autres[25].

À la vue de ces différentes études, une conclusion s'impose : l'objectif d'atteindre de meilleures compétences en langue étrangère pour tous les élèves ne peut être réalisé par un apprentissage précoce tant que les méthodes d'enseignement ne sont pas clairement définies. Qui plus est, le faible effet positif d'un apprentissage à l'école élémentaire chez certains élèves – qui a tendance à s'estomper en cinquième[26] – ne justifie pas les moyens considérables investis dans l'apprentissage des langues à l'école élémentaire !

L'immersion, une méthode infaillible

Selon l'opinion de nombreux chercheurs, la seule méthode d'enseignement précoce valable est l'immersion partielle ou totale en langue cible[27]. Ce type d'enseignement s'est développé dans des régions où la langue seconde jouit d'un statut particulier, comme le français pour les élèves anglophones au Canada, l'allemand en Alsace, les langues régionales dans différentes régions de France. Des langues d'envergure internationale comme l'anglais, l'espagnol ou l'allemand sont principalement choisies comme langue d'instruction dans des écoles privées et dans les sections européennes ou internationales des lycées en France. Le principe de l'immersion consiste en l'enseignement de toutes ou partie des matières scolaires dans une langue seconde. La langue y est un moyen pour « apprendre autre chose[28] » et non objet d'étude.

Dans l'immersion précoce totale, l'éducation dans la seconde langue commence à la maternelle par des enseignants natifs de cette langue ou bilingues eux-mêmes, la langue maternelle des enfants n'étant introduite qu'en cours élémentaire[29]. Dans un

25. D. Gaonac'h, *L'Apprentissage précoce d'une langue étrangère*, *op. cit.*, p. 103.
26. S. Genelot, « L'enseignement des langues à l'école élémentaire », art. cit.
27. D. Gaonac'h, *L'Apprentissage précoce d'une langue étrangère*, *op. cit.*, p. 134.
28. J. Duverger, *L'Enseignement en classe bilingue*, Hachette, Paris, 2005.
29. A. Braun, *Les Méthodes d'apprentissage précoce des langues étrangères*, colloque, Université de Mons-Hainaut, Bruxelles, 21 avril 2004.

premier temps, les enfants entendent la seconde langue – leurs professeurs emploient cette langue – mais peuvent continuer à communiquer dans leur première langue[30].

Dans l'immersion précoce partielle les deux langues sont utilisées comme moyens d'enseignement dès l'école maternelle, le nombre d'heures dans chaque langue varie en fonction des programmes. Dans les écoles bilingues en Alsace et en Moselle, où on pratique un enseignement à parité horaire, les deux langues, français et allemand, jouissent d'un horaire égal dès la maternelle, partagé entre deux maîtres, chacun locuteur natif d'une des langues.

L'immersion tardive, quant à elle, débute au secondaire et est destinée aux élèves ayant suivi des cours de langue seconde au primaire. Le but est le bilinguisme des élèves à la fin des études secondaires.

Il est clair que l'immersion représente le meilleur moyen d'atteindre une compétence communicative en langue seconde proche de celle d'un locuteur natif. Ce type d'enseignement est la seule méthode qui permet une exposition longue et intense à la langue cible dans un contexte d'apprentissage « naturel », en interaction avec un adulte compétent, lui-même bilingue.

Les effets de l'immersion

Les avantages de la pédagogie d'immersion sont unanimement reconnus. Il existe de nombreuses évaluations, notamment au Canada où la méthode a fait ses preuves depuis une trentaine d'années. Bien que la méthode ne mène pas les élèves à un bilinguisme équilibré, toutes les études concluent sur ses effets positifs prolongés sur les compétences langagières des élèves. Il est à noter que, dans les expériences canadiennes, même les élèves faibles ou ayant des problèmes langagiers n'ont pas souffert d'effets adverses de l'immersion. Ils ont réussi aussi bien que les autres élèves au niveau des compétences orales, sans que leurs résultats dans les autres matières soient diminués[31].

---

30. http://www.timothyjpmason.com/WebPages/LangTeach/PE2/CONF4_96.htm
31. *Ibid.*

Une étude récente menée par des chercheurs américains et canadiens[32] a démontré en outre les effets positifs de l'immersion précoce sur les compétences métalinguistiques d'enfants monolingues anglophones. Comme nous le savons déjà, la compétence métalinguistique est un facteur essentiel dans l'apprentissage de la lecture. Pour apprendre à lire, l'enfant doit reconnaître le caractère arbitraire du lien entre le référent et le mot qui le désigne, savoir segmenter des mots en syllabes ou isoler des mots dans une phrase. Dans l'étude en question, les chercheurs ont testé les compétences métalinguistiques et le niveau de lecture de cent cinquante enfants âgés de 7 à 9 ans, qui étaient soit monolingues en espagnol, soit monolingues en anglais, et scolarisés dès la maternelle, soit en école bilingue anglais espagnol, soit en école monolingue anglais. Tous les enfants étaient mis en contact avec la langue écrite dès la maternelle (espagnol et anglais ou anglais seulement). L'apprentissage formel de la lecture commençait à 5 ans dans la première langue des enfants (anglais ou espagnol), la seconde langue étant introduite au CE2. Parmi plusieurs résultats intéressants, l'étude apporte la preuve de l'effet très positif de l'enseignement bilingue précoce (dès 3-4 ans) sur la compétence métalinguistique des enfants monolingues anglophones et par conséquent sur leur niveau de lecture et de langue en espagnol *et* en anglais. Les enfants avaient un net avantage en lecture en anglais par rapport aux enfants scolarisés en école monolingue !

Malgré les avantages incontestés de l'immersion, il serait utopique de croire que ce type d'enseignement puisse être généralisé dans les écoles en France. Il restera sans doute réservé à quelques privilégiés, tant sur le plan financier que géographique. Pour tous les autres, il s'agira de se contenter de l'enseignement des langues à l'école élémentaire publique.

---

32. I. Kovelman, S. A. Baker et L. A. Petitto, « Age of first bilingual language exposure as a new window into bilingual reading development », *Bilingualism : Language and Cognition*, Cambridge University Press, 11 (2), 2008, 203-223 C.

Que peut-on attendre de l'apprentissage des langues à l'école élémentaire ?

Si l'objectif de l'apprentissage précoce, tel qu'il est pratiqué à l'heure actuelle, est l'acquisition rapide d'un nouvel outil de communication, les attentes risquent d'être déçues. Les mauvais résultats obtenus par l'enseignement des langues à l'école élémentaire peuvent être « source de désillusion envers l'idée même de l'apprentissage précoce des langues[33] ».

Force est de constater que le discours ambiant sur les bienfaits de l'apprentissage précoce des langues – répercuté par certains pédagogues et repris par les décideurs institutionnels – feint d'ignorer un élément essentiel : l'apprentissage d'une langue étrangère est aussi difficile pour un enfant de 7-8 ans que pour un adulte (même s'il l'abordera éventuellement avec plus d'enthousiasme) et la capacité de communiquer dans cette langue doit se construire patiemment durant de longues années ! Pour éviter les déceptions, il serait préférable d'insister sur d'autres effets bénéfiques plus généraux de l'apprentissage précoce. Ainsi, on a pu prouver que l'exposition à une seconde langue pendant seulement une heure par semaine durant une courte période permet de stimuler la conscience métalinguistique de l'enfant, la condition première pour l'apprentissage de la lecture[34] !

On a pu constater, d'autre part, que les enfants ayant suivi une initiation à une seconde langue – en jardin d'enfants, en atelier d'éveil ou à l'école élémentaire – s'expriment ultérieurement plus volontiers dans cette langue, sans crainte de faire des erreurs. Ils ont une attitude positive vis-à-vis de la langue et ils cherchent volontiers le contact avec celle-ci, par le biais de films ou dans les relations sociales. De ce point de vue, toute initiation précoce à une langue étrangère est donc bénéfique pour l'enfant.

---

33. Commission européenne, « L'enseignement "précoce", quels résultats, dans quelles conditions ? », sur : http ://europa.eu.int/comm/education/policies/ lang/ key/foreign_fr.html
34. G. W. Yelland, J. Pollard et A. Mercuri, « The metalinguistic benefits of limited contact with a second language », *Applied Psycholinguistics*, 14, 1993, 423-444.

Pour conclure, retenons que pour atteindre une compétence bilingue, il faudrait que le contact avec la seconde langue se fasse au plus tôt (dès la maternelle, mais en tout cas avant 7 ans) et qu'il soit poursuivi durant toute la scolarité. Plus l'apprentissage est débuté tôt, plus la qualité de l'enseignement et la formation des enseignants devront être adaptées à cette population spécifique de jeunes enfants. Est-il besoin de noter que cette condition n'est pas remplie à l'heure actuelle ? Il est important, en outre, que les parents s'investissent dans le projet en prolongeant le contact avec la nouvelle langue en dehors du lieu d'apprentissage. Les voyages, la rencontre de locuteurs natifs sont un moyen efficace pour entretenir, chez l'enfant, le plaisir du contact avec la langue. Anémone Geiger-Jaillet, enseignant-chercheur à l'IUFM d'Alsace[35], insiste en outre sur l'importance, pour les parents, d'expliquer à l'enfant les raisons pour lesquelles ils ont fait le choix d'une initiation précoce. C'est ainsi que ce cursus bilingue prendra du sens pour l'enfant et l'incitera à s'y investir.

L'anglais pour tous, tous à l'anglais ?

Le chapitre ne serait pas complet si nous ne nous intéressions pas au choix de la langue étrangère à proposer aux enfants. Que ce soit dans les cours de langue vivante à l'école primaire ou dans les activités extrascolaires, l'anglais s'est imposé comme incontournable. Il serait vain de vouloir lutter contre son statut de *lingua franca*, de langue de communi-cation entre les peuples, qui n'a déjà plus rien en commun avec la langue d'un William Shakespeare ou d'un Ernest Hemingway.

Une bonne maîtrise de l'anglais comme langue de travail est devenue indispensable, mais non suffisante, dans notre monde en mouvement. Il n'est donc pas étonnant que l'opinion publique adhère largement à l'idée promulguée jusque dans les sphères politiques qu'un apprentissage précoce de l'anglais serait en même temps un apprentissage plus efficace. N'a-t-on pas pu

35. A. Geiger-Jaillet, *Le bilinguisme pour grandir. Naître bilingue ou le devenir par l'école*, L'Harmattan, Paris, 2005.

lire dans le récent rapport de la commission Attali[36] la recommandation de généraliser « l'apprentissage précoce de l'anglais » ?

Nous avons tenté de comprendre pourquoi un apprentissage « plus tôt » n'est pas synonyme d'apprentissage « meilleur », mais nous devrions aussi nous interroger sur la place de l'anglais comme première langue à apprendre.

Les promoteurs de l'anglais défendent l'idée que c'est une langue « facile » à apprendre, donc plus accessible aux jeunes enfants, qui l'apprendraient « plus vite ». Tous les linguistes s'accordent au contraire pour dire que l'anglais est une langue difficile ; ce qui ne justifie en aucun cas son choix pour l'enseignement précoce. Pour Claude Hagège, c'est « l'une des langues les plus difficiles à apprendre, pour nous qui parlons une langue romane. Plus que le russe ou l'arabe[37] ». Selon le psycholinguiste Daniel Gaonac'h, « le caractère utilitaire du choix de l'anglais constitue un piège[38] ». En choisissant l'anglais, les attentes de tous, parents, élèves, maîtres, sont dirigées vers le succès immédiat, la maîtrise d'une langue outil. La déception est dans ce cas à la mesure des attentes, à l'instar de ce père, étonné que sa fille de 8 ans ne soit pas capable, après un an d'apprentissage de l'anglais, de réserver par téléphone une chambre d'hôtel à New York !

Beaucoup de linguistes plaident depuis longtemps, comme Claude Hagège[39], pour l'enseignement des langues des pays voisins plutôt que de l'anglais « pour tous ». Ainsi, l'apprentissage des langues présentes sur le territoire, régionales ou « minoritaires », serait un choix beaucoup plus judicieux pour l'apprentissage précoce. Ces langues ont l'avantage d'être ancrées dans la réalité des enfants, leur apprentissage permettrait d'acquérir des compétences métalinguistiques et culturelles, tout en préparant le « terrain » pour l'apprentissage d'une ou plusieurs

---

36. Rapport de la Commission pour la libération de la croissance française, sous la présidence de Jacques Attali, 2008, http://www.liberationdelacroissance.fr
37. Publié le 6 décembre 2004 sur : http://www.lexpress.fr/actualite/societe/education/faut-il-apprendre-l-anglais-des-l-ecole-primaire_487721.html
38. D. Gaonac'h, *L'Apprentissage précoce d'une langue étrangère*, *op. cit.*, p. 157.
39. C. Hagège, *Le Souffle de la langue*, Odile Jacob, Paris, 1992.

langues étrangères au secondaire. Sur le marché du travail, c'est la connaissance d'une langue et culture *en plus* de l'anglais qui fera la différence dans les années à venir.

—— EN GUISE DE CONCLUSION

« Nous autres parents d'enfants bilingues, nous avons choisi encore plus que d'autres de vivre avec la multiplicité et avec l'acceptation du divers. C'est dans la multiplicité des possibilités qui s'offrent à nous que nous puisons notre force et notre espoir pour ceux qui nous suivront. »

Conclusion

Alors que la cohabitation de plusieurs langues dans un même espace géographique est la règle dans la majorité des régions du monde, en France, un des symboles de l'unité nationale est la langue française. Depuis la Révolution, et plus encore depuis l'école obligatoire de Jules Ferry, la langue française est devenue le ciment de la République, garant de l'unité nationale et de la cohésion sociale. Un nombre impressionnant de lois et de décrets codifient l'usage du français, jusqu'à la loi Toubon (ancien ministre de la Culture) de 1994 qui réglemente l'usage des termes anglais dans les médias et la publicité.

Le devoir de l'école est de renforcer l'usage du « bon français » et, par conséquent, toute autre langue est considérée comme concurrente. On comprend alors pourquoi, dans l'opinion publique, la représentation du bilinguisme, ou du multilinguisme, est liée au mythe de la tour de Babel[1]. La nation accepte

1. C'est lors de la construction de la tour de Babel que Dieu décida de multiplier les langues des bâtisseurs, qui furent désormais incapables de s'entendre et durent arrêter la construction.

difficilement la diversité linguistique et culturelle de ses citoyens, favorisant volontiers l'utilisation du français dans les familles aux dépens des langues « identitaires », comme les appelle à juste titre l'écrivain Amin Maalouf. Parents algériens, polonais, allemands ou serbes rompent ainsi la chaîne de transmission d'un bien culturel inaliénable, la langue maternelle.

Les croyances et stéréotypes font la part belle à la peur qu'éprouve la majorité monolingue à l'égard des personnes difficiles à « catégoriser » de par leur double langue et culture. Ce n'est pas la richesse de cette double compétence qui séduit, mais c'est la perte de l'unité – unité de culture, de personnalité – et d'une certaine « pureté » de la langue qui inquiète.

Beaucoup reste à faire en France pour arriver un jour à considérer la diversité des langues et cultures comme une richesse pour le pays et non comme une menace. Nous devrions nous rendre à l'évidence qu'on peut être français et « prendre l'ascenseur social » tout en ayant une autre langue maternelle que le français.

Bien entendu, ce souhait ne se réalisera que grâce à une réelle volonté politique pour encourager le maintien des langues maternelles *en plus* du français, et cela en application de la Déclaration universelle de l'UNESCO sur la diversité culturelle. Celle-ci stipule que « toute personne a le droit à une éducation et une formation de qualité qui respectent pleinement son identité culturelle ».

Il est regrettable de constater que les expériences réussies, comme les jardins d'enfants franco-allemands, sont le fait d'initiatives privées et réservées à une élite. Il est tout aussi malheureux de voir que des initiatives à l'intérieur de l'école publique, comme les classes bilingues franco-arabe d'une école primaire parisienne[2], ne soient pas appréciées à leur juste valeur, ni étendues à d'autres écoles.

2. À partir de 1986, et pendant plusieurs années, l'école de la rue de Tanger (Paris 19e) a proposé, à côté d'un enseignement classique, un enseignement bilingue franco-arabe pour tous les enfants scolarisés qui le souhaitent.

Les langues parlées actuellement en France[3] représentent un vivier de talents qu'il suffirait de valoriser, au lieu de les sacrifier sur l'autel du monolinguisme. Combien de médiateurs, de traducteurs, d'enseignants pourraient être formés si l'on valorisait les langues d'origine. Ce que dit le linguiste Jim Cummins vaut aussi pour la France : « Le capital culturel, linguistique et intellectuel de nos sociétés augmentera de manière significative quand nous aurons fini de considérer les enfants différents, sur le plan linguistique et culturel, comme "un problème à résoudre" et quand nous nous ouvrirons aux ressources linguistiques, culturelles et intellectuelles que ces enfants apportent à nos écoles et à nos sociétés[4]. »

En attendant que cette utopie se réalise, nous devons accepter, nous autres bilingues, multilingues ou parents d'enfants bilingues, d'être les pionniers d'une société française plus tolérante et ouverte au monde.

3. Plus de soixante-dix langues différentes sont parlées en région parisienne, et on estime qu'un enfant sur quatre y parle ou comprend une autre langue que le français. (C. Deprez, *Les Enfants bilingues : langues et familles*, Didier, Paris, 1999.
4. http ://www.iteachilearn.com/cummins/mother.htm (traduit par l'auteur).

Épilogue

Quand, en 1968, je visitai pour la première fois Paris lors d'un voyage scolaire, j'ai su que c'était la ville où je voulais vivre. C'est ce qui arriva après mes études de linguistique. Un mariage « mixte » et quelques années plus tard, à la naissance de ma première fille, mon intérêt pour les langues se mua en passion pour le bilinguisme. J'ai cherché en vain, à l'époque, des conseils et des informations sur les enfants bilingues – sans oser parler de la troisième langue de la famille, l'arabe –, rencontrant partout méfiance et incompréhension. Je suis allée chercher les informations à la source dans la linguistique et dans la psychologie sociale, à l'université et sur le terrain. J'ai appris à me méfier des « bons conseils », la connaissance de mes interlocuteurs cédant trop souvent le pas à l'inquiétude devant « tant de langues ».

Avec le père de mes enfants, nous avons mené la barque linguistique de notre famille en passant par des hauts trilingues et par des bas monolingues. Nous avons dû nous rendre compte que l'éducation des enfants en plusieurs langues n'est pas unlong fleuve tranquille. Il a fallu défendre le trilinguisme des premières années devant des psychologues et des enseignants, se battre plus tard pour que les enfants gardent le lien avec la langue de leur mère, celle du père ayant été perdue entre-temps.

J'ai vécu des doutes et des interrogations, les regards suspicieux quand il y a eu de mauvaises notes à l'école, encaissé les remarques condescendantes d'un professeur de français. Plus tard, j'ai vécu aussi le refus de mon fils de parler à sa grand-mère, l'allemand était devenu trop « étrange » pour lui. J'ai dû accepter la méconnaissance de mes enfants de Goethe et de Schiller, j'ai dû endosser les reproches larvés de germanophiles d'avoir laissé ainsi filer une « culture ».

J'ai dû me rendre à l'évidence qu'il est difficile de pratiquer sa première langue tout au long des années et qu'il arrive un jour où l'on est à tel point acculturé dans le pays de son choix qu'on trouve étrange de parler « étranger » avec ses enfants.

Au bout de ces trente années passées avec plusieurs langues, je constate que l'effort des premières années n'était pas vain ; avec joie nous avons assisté au renouveau de l'allemand chez nos trois enfants devenus ados et c'est avec fierté que nous accompagnons leurs efforts de jeunes adultes de se réapproprier la première langue de leur père, l'arabe.

Bibliographie

Articles en français

BAUTIER, E., « Enfants de migrants, langue(s) et apprentissage(s) », *Migrants Formation*, n° 83, 1990.

BEHEYDT, L., « Le bilinguisme et les troubles spécifiques de l'apprentissage », *Bilingualism and the Young, Le Langage et l'Homme*, vol. XXIX, n° 3, 1994.

CLANCHÉ, F., « Langues régionales, langues étrangères : de l'héritage à la pratique », *INSEE première*, n° 830, INSEE, 2002.

COMBLAIN, A., « L'apprentissage des langues étrangères en milieu scolaire et préscolaire : de l'utilité de l'immersion linguistique précoce », Actes des « Entretiens de Bichat. Entretiens d'orthophonie 1998 », *Expansion scientifique française*, Paris, 1998.

DEPREZ, C., « Le jeu des langues dans les familles bilingues d'origine étrangère », *Estudios de Sociolinguistica*, 1 (1), 2000.

GENELOT, S., « L'enseignement des langues à l'école élémentaire : quels acquis pour quels effets au collège ? Éléments d'évaluation : le cas de l'anglais », *Les Cahiers de l'IREDU*, Université de Bourgogne, 1995, n° 58.

GROSJEAN, F., « Le bilinguisme et le biculturalisme. Essai de définition », *in Bilinguisme et biculturalisme.* Théories et pratiques professionnelles, *Acte du 2e colloque d'orthophonie/logopédie*, 1992.

HÉRAN, F., FILHON, A., DEPREZ, C., « La dynamique des langues en France au fil du XXe siècle », *Population et Sociétés*, n° 376, INED, 2002.

LANDRY, R., ALLARD, R., « Contact des langues et développement bilingue : un modèle macroscopique », *La Revue canadienne des langues vivantes*, 46, 1990.

ZORMAN, M., « Précarisation et apprentissages scolaires », *Précarisation, risque et santé*, INSERM, Paris, 2001.

Ouvrages en français

AIMARD, P., *L'Enfant et son langage*, SIMEP, Villeurbanne, 1982.

AKINCI, M., DE RUITER, J., SANAGUSTIN, F., *Le Plurilinguisme à Lyon. Le statut des langues à la maison et à l'école*, L'Harmattan, Paris, 2004.

BIJELJAC, R., BRETON, R., *Du langage aux langues*, Gallimard, Paris, 1997.

DEPREZ, C., *Les Enfants bilingues : langues et familles*, Didier, Paris, 1999.

DUVERGER, J., *L'Enseignement en classe bilingue*, Hachette, Paris, 2005.

GAONAC'H, D., *L'Apprentissage précoce d'une langue étrangère. Le point de vue de la psycholinguistique*, Hachette, Paris, 2006.

GEIGER-JAILLET, A., *Le bilinguisme pour grandir. Naître bilingue ou le devenir par l'école*, L'Harmattan, Paris, 2005.

HAGÈGE, C., *Le Souffle de la langue*, Odile Jacob, Paris, 1992.

HAMERS, J., BLANC, M., *Bilinguisme et bilingualité*, Mardaga, Bruxelles, 1984.

KAIL, M., FAYOL, M., *L'Acquisition du langage : le langage en émergence, de la naissance à trois ans*, PUF, Paris, 2000.

KROH, A., *L'Aventure du bilinguisme*, L'Harmattan, Paris, 2000.

LÉVI-STRAUSS, C., *Anthropologie structurale*, Plon, Paris, 1958.

MAALOUF, A., *Les Identités meurtrières*, Grasset, Paris, 1998.

MAZEL, I., BAJARD, M.-C., MESNAGER, J., ROBERT, N. (coordination), *Regards sur la lecture et ses apprentissages*, ONL, Paris, 1996.

RONJAT, J., *Le développement du langage observé chez un enfant bilingue*, Champion, Paris, 1913.

STERN, D. N., *Le Monde interpersonnel du nourrisson*, PUF, Paris, 1989.

VINSONNEAU, G., *Identité des jeunes en société inégalitaire, Perspectives cognitives et expérimentales*, L'Harmattan, Paris, 2001

VARRO, G., *La Femme transplantée. Une étude du mariage franco-américain et le bilinguisme des enfants*, PUL, Lille, 1984.

VARRO, G., *Les Couples mixtes*, Armand Colin, Paris, 1995.

WYATT, G. L., *La Relation mère-enfant et l'acquisition du langage*, Mardaga, Bruxelles, 1973.

ZAZZO, B., *Un grand passage: de l'école maternelle à l'école élémentaire*, PUF, Paris, 1979.

Articles en anglais

BIALYSTOK, E., « Effects of bilingualism and biliteracy on children's emerging concepts of print », *Developmental Psychology*, vol. 33, n° 3, 1997.

BIALYSTOK, E., HAKUTA, K., « Critical evidence: a test of the critical period hypothesis for second language acquisition », *Psychol. Science*, vol. 14, n° 1, 2003.

BOYSSON-BARDIES, D. *et al.*, « Discernable differences in the babbling of infants according to target language », *Journal of Child Language*, 11, 1-15, 1984.

CENOZ, J. *et al.*, « Towards trilingual education », *Int. Jnl of Bilingual Edu. & Bilingualism*, vol. 4:1, 2001.

CLYNE, M. , « Some of the things trilinguals do », *The International Journal of Bilingualism*, 1, 95–116, 1997.

COLLIER, V. P., « The effect of age on acquisition of a second language for school », *NCBE*, n° 2, 1987-1988.

CRINION, J. *et al.*, « Language control in the bilingual brain », *Science*, vol. 312, n° 1537, 2006.

CUMMINS, J., « Linguistic interdependence and the educational development of bilingual children », *Review of Educational Research*, 1979.

CUMMINS, J., « Semilingualism », *in* R. R. ASHER (ed.) *International Encyclopedia of Language and Linguistics*, 2e édition, Elsevier Science Ltd, Oxford, 1994.

DEWAELE, J. M., « Three years old and three first languages », *Bilingual Families Newsletter*, 17 (2), 2000.

FATHMAN, A., « The relationship between age and second language productive ability », *Language Learning*, 25, 1975.

FLEGE, J., FRIEDA, E., NOZAWA, T., « Amount of native language (L1) use affects the pronunciation of an L2 », *Journal of Phonetics*, 25, 1997, 169-186.

GLISAN, E., FOLZ, D., « Assessing learners'oral proficiency in an outcomes-based curriculum: Learner performance and teacher », *Modern Language Journal*, 82, 1998.

FRANCIS, N., « Maturational constraints in language one and language two: a second look at the research on critical periods », *Bilingual Research Journal*, vol. 23, n° 4, 1999.

FROMM, E., « Age regression with unexpected reappearance of a repressed childhood language », *International Journal of Clinical and Experimental Hypnosis*, 1970.

GASS, S. M., SCHACHTER, J. (eds.), *Linguistic Perspectives on Second Language Acquisition*, Cambridge University Press, New York, 1989.

HAKUTA, K. *et al.*, « Critical evidence : a test of the critical-period hypothesis for second-language acquisition », *Psychol. Sci.*, vol. 14, n° 1, 2003.

HOFFMANN, C., « Towards a description of a trilingual competence », *International Journal of Bilingualism*, vol. 5, n° 1, mars 2001.

KÖPKE, B., « Language attrition : the next phase », *in* SCHMID, M. S., KÖPKE, B., KEIJZER, M., WEILEMAR, L. (eds.), *First Language Attrition : Interdisciplinary perspectives on methodological issue*, John Benjamins, Amsterdam, 2004.

KOVELMAN, I., BAKER, S. A., PETITTO, L. A., « Age of first bilingual language exposure as a new window into bilingual reading development », *Bilingualism : Language and Cognition*, Cambridge University Press, 11 (2), 2008.

LAMBERT, W. E. *et al.*, « Evaluational reactions to spoken language », *Journal of Abnormal and Social Psychology*, 60, 1960.

LANVERS, U., « Lexical growth patterns in a bilingual infant : the occurrence and significance of equivalents in the bilingual lexicon », *International Journal of Bilingual Education and Bilingualism*, vol. 2, n° 1, 1999.

LIGHTBOWN, P. M., SPADA, N., « Long-term study of intensive ESL teaching in primary school », *Canadian Modern Language Review*, 48, 1991.

MCLAUGHLIN, B. *et al.*, « Assessing language development in bilingual preschool children, Part. II : Language development in bilingual children », *NCBE Program Information Guide Series*, n° 22, 1995.

NEWPORT, E., « Maturational constraints on language learning », *Cognition*, 14, 1990.

NINIO, A., BRUNER, J. S. « The achievement and antecedents of labelling », *Journal of Child Language*, 5, 1-15, 1978.

PALLIER, C. *et al.*, « Brain imaging of language plasticity in adopted adults : can a second language replace the first ? », *Cerebral Cortex*, vol. 13, n° 2, 2003.

PEARSON, B. Z. *et al.*, « Assessing lexical development in bilingual babies and yoddlers », *International Journal of Bilingualism*, 2(3), 1998.

PETITTO, L.,« Evaluating attributions of delay and confusion in young bilinguals : Special insights from infants acquiring a signed and spoken language », *Sign Language Studies* vol. 3, n° 1, automne 2002.

RINEY, T., FLEGE, J., « Changes over time in global foreign accent and liquid identifiability and accuracy », *SSLA*, 20, 1998.

ROLSTAD, K., « Effects of two-way immersion on the ethnic identification of third language students », *BRJ*, 21, 1, 1997.

SACHS, J., JOHNSON, M., « Language development in a hearing child of deaf parents », *in* VON RAFFLER-ENGEL, W., LEBRUN, Y. (eds.*)*, *Baby Talk and Infant Speech*, Swets and Zeitlinger, Amsterdam, 1976.

SAVILLE-TROIKE, M., « Private speech : evidence for second language learning strategies during the "silent" period », *Journal of Child Language*, 15, 1988.

SCHIFF-MYERS, N., « Hearing children of deaf parents », *in* BISHOP, D. et MOGFORD, K. (eds), *Language Development in Exceptional Circumstances*, Churchill Livingstone, New York, 1988.

SELINKER, K., LAKSHMANAN, U., « Language transfer and fossilization : the multiple effects principe », *in* S. GASS et L. SELINKER (eds.), *Language Transfer in Language Learning*, John Benjamins, Amsterdam, 1992.

SERVICE, E., « Phonology, working memory and foreign-language learning », *Quarterly Journal of Experimental Psychology*, 45A, 21- 50, juillet 1992.

SHIBATA, P. N., « The role of prefabricated language in young children's second language acquisition », *Bilingual Research Journal*, 2001.

SNOW, C.E., HOFNAGEL-HÖHLE, M., « Age differences in the pronounciation of foreign sounds », *Language and Speech*, 1977, 20, 357-365.

TABORS P., « English language learners in early childhood education classrooms: Development, assessment, and strategies », *Presentation at the National Association for the Education of Young Children's Annual Conference*, Anaheim, CA, 1997.

VOLTERRA, V., TAESCHNER, T., « The acquisition and development of language by bilingual children », *Journal of Child Language*, 5, 1978.

WONG-FILLMORE, L., « When learning a second language means losing the first », *Early Childhood Research*, 6, 1991.

YELLAND, G. W., POLLARD, J., MERCURI, A., « The metalinguistic benefits of limited contact with a second language », *Applied Psycholinguistics*, 14, 1993.

Ouvrages en anglais

ANNING, A., EDWARDS, A., *Promoting Children's Learning from Birth to Five. Developing the new early years professional*, Open University Press, Buckingham, 1999.

BAKER, C., *Foundations of Bilingual Education and Bilingualism*, Multilingual Matters Ltd, Clevedon, 2003.

BATES, E. *et al.*, *From First Words to Grammar: individual differences and dissociable mechanisms*, Havard University Press, Cambridge, 1988.

BIALYSTOK, E., HAKUTA, K., *In Other Words*, Basic Books, New York, 1994.

BOWMAN, B. T., DONOVAN, M. S., BURNS, M. S. (eds.), *Eager to Learn: Educating Our Preschoolers*, Committee on Early Childhood Pedagogy, National Research Council, Washington D.C., 2000.

BRUNER, J. S., *Going Beyond the Information Given*, Norton, New York, 1974.

CHOMSKY, N., *Language and Mind*, Harcourt Brace Jovanovich Inc., New York, 1968.

CUMMINS, J., *Immersion Education for the Millennium: What We Have Learned from 30 Years of Research on Second Language Immersion*, Ontario Institute for Studies in Education of the University of Toronto, 2003.

CUMMINS, J., *Bilingualism and Minority Language Children*, Ontario Institute for Studies in Education, 1981.

CURTISS, S., *Genie: a Psycholinguistic Study of a Modern-day « Wild Child »*, Academic Press, New York, 1977.

DÖPKE, S., *One Parent, One Language. An interactional approach*, John Benjamins, Amsterdam/Philadelphie, 1992.

FILLMORE, C. J., KEMPLER, D., WANG, W. S. Y. (eds.), *Individual Differences in Language Ability and Language Behavior*, Academic Press, New York, 1979.

GARMAN, M., *Psycholinguistics*, Cambridge University Press, Cambridge, 1990.

GENESEE, F., *Learning Through Two Languages: Studies of immersion and bilingual education*, Newbury House, New York, 1987.

GROSJEAN, F., *Life With Two Languages. An introduction to bilingualism*, Harvard University Press, Cambridge, Massachusetts, 1982.

HAKUTA, K. *et al.*, « How long does it take English learners to attain proficiency? », *The University of California Linguistic Minority Research Institute Policy Report 2000*, 2000.

HARDING, E., RILEY, Ph., *The Bilingual Family*, Cambridge University Press, Cambridge, 1999.

KRASHEN, S., *Second Language Acquisition and Second Language Learning*, University of California/Pergamon Press, Oxford, 1981.

LENNEBERG, E. H., *Biological Foundations of Language*, Wiley, New York, 1967.

PINKER, S., *The Language Instinct*, Harper, New York, 1994.

POLLOCK, D. C., VAN REKEN, R. E., *Third Culture Kids: The Experience of Growing up among Worlds*, Nicholas Brealey Publishing/Intercultural Press, Boston, 2001.

SAUNDERS, G., *Bilingual Children: from birth to teens*, Multilingual Matters, Cleevedon, 1988.

SCHMID, M.S., *First Language Attrition, Use, and Maintenance. The case of German Jews in anglophone countries*, John Benjamins, Amsterdam/Philadelphie, 2002.

SHORE, R., *Rethinking the Brain: New insights into early development*, Families and Work Institute, New York, 1977.

SKUTNABB-KANGAS, T., TOUKOMA, P., *Teaching Migrant Children's Mother Tongue and Learning the Language of the Host Country in the Context of the Social-cultural Situation of the Migrant Family*, Finnish National Commission for UNESCO, Helsinki, 1976.

SLOBIN, D. (ed.), *The Crosslinguistic Study of Language Acquisition*, vol. 1-2, Lawrence Erlbaum, Hillsdale, New Jersey, 1985.

STERN, H. H., BURSTALL, C., HARLEY, B., *French from Age Eight or Eleven?*, Ontario Institute for Studies in Education, Toronto, 1975.

Articles et ouvrages en allemand

GRIESSHABER, W., « Erwerb und Vermittlung des Deutschen als Zweitsprache », *in Deutsch in Armenien, Teil 1*: 2001/1, 17-24, Teil 2: 2001/2, 5-15, Armenischer Deutschlehrerverband, Jerewan, 2002.

OTT, M., *Schreiben in der Sekundarstufe I. Differenzierte Wahrnehmung und gezielte Förderung von Schreibkompetenzen*, Schneider Verlag Hohengehren, Baltmannsweiler, 2000.

TRACY, R., *Sprachliche Strukturentwicklung: Linguistische und kognitionspsychologische Aspekte einer Theorie des Erstspracherwerbs*, Narr, Tübingen, 1991.

Table des matières

CPI
FIRMIN-DIDOT
27650 Mesnil-sur-l'Estrée

Composition DVAG à La Rochelle.
Achevé d'imprimer par CPI Firmin Didot
à Mesnil-sur-l'Estrée.
Dépôt légal : janvier 2015.
Numéro d'imprimeur : 125873
Imprimé en France.